Teufelsspuk und Galgenstrick

Heidi und Harry Böseke

Teufelsspuk und Galgenstrick

Schauerliche und unglaubliche
Geschichten aus dem
Bergischen Land

J.P. BACHEM VERLAG

Die Sage ist eine Form der Volksüberlieferung. Quellen sind nicht in jedem Fall auszumachen. Für Anregungen und die Erlaubnis zur Übernahme von Texten bedanken wir uns beim Verlag Gronenberg und dem Autor Heinrich Kleibauer, bei Otto Schell (Bergische Sagen in der Ausgabe von 1922), beim Museum des Oberbergischen Kreises, Bettina Loidl und Susanne Voigt (Frauenleben in Oberberg), bei Joseph Rinscheid und dem Heimatverein für Olpe und Umgebung, Grete, Edmund und Gerd vom Schemm, Willi Binczyk, Hermann Bredehöft, Manfred Halbach und Michael Höhn. Manche Texte wurden der heutigen Sprache angepaßt, die Texte des 4. und 5. Kapitels sowie die Erzählung „Der Ausspann“ wurden für dieses Buch neu geschrieben.

Für die Montage der Erzählung „Von Sodom nach Gomorrha“ wurden folgende Schriften verwendet: J. H. Jung-Stilling: Theobald oder die Schwärmer, Wernigerode, 1926; Max Goebel: Geschichte des christlichen Lebens, Koblenz, 1860; Ruth Dirx: Von Friedrich Engels bis Heinrich Böll, Wuppertal, 1968; Kurt Schnöring: Wuppertal, Wuppertal, 1989; Klaus Goebel, Hrsg.: Von Eller bis Dürselen, Neue Beiträge zur Kirchen- und Stadtgeschichte von Wuppertal-Ronsdorf, Köln, 1983.

Die Deutsche Bibliothek – CIP-Einheitsaufnahme

Böseke, Heidi:
Teufelsspuk und Galgenstrick : schauerliche und unglaubliche Geschichten aus dem Bergischen Land / Heidi und Harry Böseke. – Köln : Bachem, 1996
ISBN 3-7616-1292-3
NE: Böseke, Harry:

Erste Auflage 1996

Einbandentwurf: Frank Ruprecht, Bergisch Gladbach
Redaktion: Georg Wieghaus
Satz und Druck:
Druckerei J. P. Bachem GmbH & Co. KG Köln
Printed in Germany
ISBN 3-7616-1292-3

Inhalt

Von Galgenvögeln
und
Scharfrichtern

Der Galgenberg im Nutscheid

Zwischen den Flüssen Bröl und Sieg, im äußersten Süden des Bergischen Landes, erstreckt sich ein mächtiger, waldreicher Bergzug, das Nutscheid. An seinem Fuß, in der Nähe des Dorfes Bladersbach, liegt ein Berg, mit dem es eine besondere Bewandtnis hat. Seine 355 Meter sieht man ihm nicht an; denn zur sanft gerundeten Kuppe steigt er nur ganz allmählich an. Seinen Namen kennt aber jeder dort: Galgenberg.

Nach einer Aufzeichnung aus dem Jahre 1464 befand sich „das gerychte" des Amtes Windeck zunächst an der Eisenstraße von Waldbröl nach Rosbach. Doch in der Mercatorkarte von 1575 ist schon der Ort im Nutscheid verzeichnet: „Hie hat voirmalts das Windecksche Gericht gestande."

Zu sehen ist heute nicht mehr viel. Das Galgenholz wurde, so erzählen es die Bladersbacher, irgendwann von einer armen Familie geholt und im Ofen verbrannt.

Man weiß aber noch von einigen, die hier gerichtet wurden. Zum Beispiel ein gewisser Johann Klein vom Rottland; und das war wahrlich kein reicher Mann: umgeben von plärrenden Kindermäulern, die Frau sucht tagsüber im Niederwald nach Eßbarem, kein Geld für einen Krug Bier. Ja, die Armut der einfachen Leute in diesem gottverlassenen Landstrich war schon deprimierend. „Haferspanien" nannte man ihn auch, denn es wuchs nur ein wenig Hafer auf den Feldern. Der stach wohl auch den einen oder anderen. Ob es am Haferstroh lag, das als Einschütte für die Strohlager verwendet wurde? Aber es wuchs kaum etwas anderes. Wer auch nur ein Huhn besaß, den sahen die anderen, die gar nichts hatten, schon als reich an.

Johann wurde als achtes Kind besitzloser Eltern Ende des 17. Jahrhunderts geboren. Er besuchte keine Schule und erlernte auch keinen Beruf. Schon als Kind mußte er zur Wildberger Hütte wandern und sich bei der Erzschmelze als Hilfsarbeiter verdingen. Dort wurde aus Bleiglanz Silber gewonnen. Doch für die Arbeiter gab es kein Silber, höchstens Pfennige. Wie man aber Metall schmelzen konnte, um daraus Münzen zu schlagen, das sollte Johann später durchaus lernen.

Zur Zeit Johanns gab es eine Vielzahl verschiedener Münzen, die alle als Zahlungsmittel Geltung besaßen. Die Erzbischöfe von Köln hatten vom Kaiser schon früh das Recht erhalten, Münzen zu prägen. Die Silbermünze des Erzbischofs von Köln war im ganzen Land angesehen und begehrt. Auch Fälscher versuchten, sie nachzumachen. Doch nur wenige verstanden sich darauf.
Was nun in diesem Fall passierte, war einer dieser kleinen Zufälle, die im Leben manchmal eine bedeutsame Rolle spielen. Johann entdeckte beim Strippen im Nutscheid eines Tages etwas Sonderbares. „Strippen"? Nun ja, er legte Stricke für Tiere aus, die sich darin verfangen sollten. Meist war ein kleines Häschen dabei, das er auf dem Markt gut verkaufen konnte. Doch was war das? Johann fand im Wald den Eingang zu einer unterirdischen kleinen Behausung, die in Eile verlassen worden war; denn er sah noch Knochen auf dem Tisch und einen metallenen Trog, unter dem wohl ein Herdfeuer gebrannt hatte. Die herumliegenden silbernen Barren waren im Dunkeln zunächst nicht als Edelmetall zu erkennen. Daneben lagen vier Stempel, die – als Johann mit ihnen ans Licht ging – die Gesichter von Bischöfen zeigten. Keine Frage, hier waren Münzen geprägt worden, und die Fälscher hatten flüchten müssen. Gleichwohl – die Werkstatt hatten die Häscher nicht gefunden.
Johann behielt sein Geheimnis für sich, selbst seine Frau erfuhr keinen Ton. Er besorgte sich Blei aus der Wildberger Hütte, um das Silber zu „verlängern". Dann machte er sich daran, Münzen zu schlagen, so gut er es eben konnte. Doch sie hatten nicht den Glanz von Silbermünzen. Auf dem Markt tauschte er sie nach und nach gegen Ferkel ein.
Aber eines Tages sagte ein Händler: „Ich nehme nur die Kölner Münze!"
„Das ist doch die Kölner Münze!" behauptete Johann.
Aber der Händler rief den Büttel herbei: „Nehm er den Betrüger fest! Er will mir weismachen, daß dies die Kölner Münze ist!"
Der Büttel führte Johann ab.
Vierzehn Hauptrichter haben dann die Tat des armen Johann untersucht und schließlich das Urteil gesprochen: schuldig!
Und im Kirchenbuch der Waldbröler Gemeinde kann man lesen: „Den 24 July 1714 ist Johann Klein vom Rottland wegen deß Geldmachens, so er gethan, zum Gericht in das Notscheid geführt worden."
Dort ist er dann gerichtet worden. Sein Weib durfte er nicht mehr sehen.

Danach strippten seine Kinder im Nutscheid und suchten Eßbares für ihre hungrigen Mäuler.
Im Kirchenbuch heißt es weiter: „Weil dißer Johann Klein gutwillig bekand, daß er Münzen gemacht, alßo hatt Ihrer Churfürstl. Hoheit ihm die Gnade angethan, daß nach dem Hauptabschlag der Corper auf dem Kirchhof beerdigt werde. Henr. Wilh. Wirth, Pastor."
Apropos „Hauptabschlag": Als Scharfrichter war bei Johanns Hinrichtung ein gewisser Arnold Schalenbach aus Rommen „thätig", der sein Handwerk später seinem Sohn vererbte.

Doch nicht nur Spitzbuben und Menschen, die aus Armut fälschten und stahlen, kamen auf dem Galgenberg zur „gerechten Strafe", sondern auch Mädchen und junge Frauen, die unverheiratet schwanger geworden waren und wegen dieser „Schmach" verzweifelten.
Da war zum Beispiel ein Mädchen aus einem Weiler bei Waldbröl, das ein Zwillingspärchen geboren hatte. Es wurde im Dorf schief angesehen, weil der Vater der Kinder sich nicht offenbarte und das Mädchen ihn nicht nennen wollte. Man munkelte sogar, der Teufel habe es geschwängert, denn die Kinder waren behindert. Beide hatten einen verkrüppelten Fuß, das eine links, das andere rechts. Nachts schrien sie, und tagsüber schrien sie, und das ganze Dorf schrie nach Ruhe.
„Der Teufel wird sie schon wieder holen, die gottverdammten Blagen!" schimpfte der Vater der jungen Mutter. Auch in seinen Augen taugte die Tochter jetzt zu nichts mehr. Und ihre Kinder – noch kein Jahr alt – galten ihm als Mißgeburten. „Nimm das Pack mit, ich will es nicht unter den Augen haben!" fuhr er seine Tochter eines Tages an. Er hatte ihr gerade den Auftrag gegeben, im entfernten Wipperhausen den „Häcker" zu bestellen; das ist jemand, der das brachliegende Land umgräbt.
Die junge Frau machte sich also auf. Unterwegs überlegte sie verzweifelt, was zu tun sei, um wieder ohne Spott und Schande leben zu können. Und die beiden Kinder schrien und schrien.
So kam sie zu dem kleinen Fußpfad am Spurkenbach. Und dort passierte es: Sie rutschte aus und fiel so unglücklich, daß sie ihre vor die Brust gewickelten Kinder unter sich begrub und diese zu ersticken drohten. Eins der beiden hat tatsächlich bald keine Luft mehr bekommen. In ihrer Not und in ohnmächtiger Wut erdrosselte die junge Frau

auch noch das andere Kind. „Wenn alle sagen, ihr kämet vom Teufel, dann geht zurück zu ihm, alle beide!“ rief sie wie von Sinnen.
Als sie wieder zu sich kam, erschrak sie zutiefst und irrte ziellos in der Gegend herum. Dabei kam sie auch am Galgen vorbei, bei dessen Anblick sie so erschrak, daß sie in Fieberwahn geriet.
Erst nach mehreren Tagen fand man die junge Frau; und ein Schweinehirt fand auch die Kinderleichen. Er war durch seine Tiere auf die verwesenden Körper am Ufer des Spurkenbachs aufmerksam geworden. Das Mädchen, gerade mal 18 Lenze jung, wurde hingerichtet.
So mancher nächtliche Wanderer glaubt seitdem, in der Nähe des Galgens Kinderschreien zu hören. Auch soll sich hin und wieder dort einer den Fuß vertreten.

Und noch ein Fall. In einer Urkunde aus dem ausgehenden 18. Jahrhundert lesen wir: „Vollziehung eines Todesurtheils bei Bladersbach an dem Edelfräulein Irmgardis vom Hoff bei Rossenbach“.
Jenes edle Fräulein wurde auch „Stolzfräulein vom Hoff“ genannt. Viele Männer begehrten es, und es blieb nicht aus, daß auch das Mädchen sich nicht mit Blicken begnügte. Als ihre Mutter gewahr wurde, daß die Tochter in Hoffnung war, sagte sie zu ihr: „Kind, treib es, wie du es treibst – mach nur, daß du keine Hure bleibst!“
Tatsächlich konnte die Schwangerschaft geheimgehalten werden. Die Mutter der Edlen war die einzige Zeugin der Geburt.
Doch an diesem Abend kam ein Tagelöhner vom Feld. Er mußte am Hof des Edelfräuleins vorbei, der allein auf weiter Flur stand. Der Wind wehte mild vom Hof her, und ein Kinderschreien drang ganz leise an das Ohr des Tagelöhners. In der Hoffnung, eine Neuigkeit gewahr zu werden, versteckte er sich hinter dem Haselnußbaum beim Fenster und spähte ins Haus.
„Was ich nicht sage und doch weiß, das geb’ ich nicht preis! Was ich weiß und nicht sage, das ist keine Sage!“ sang der Tagelöhner später im Wirtshaus. Man schenkte dem Manne reichlich Branntwein ein, um ihm die Zunge zu lösen und hinter den Sinn seines geheimnisvollen Spruches zu kommen. Und dann plauderte der Mann endlich aus, was er beobachtet hatte.
Natürlich gab es gleich neidische Männer und Frauen, die mit Feuereifer dabei waren, die Freveltat aufzudecken. Ging es doch schließlich ge-

gen den reichen Nachbarn! Was hatte also im Hause des Edelfräuleins stattgefunden? Eine Geburt!
Aber es war kein Kindergeschrei zu hören, sooft die Leute auch dort vorbeischlichen. Also wurde die Ordnungsmacht auf den Plan gerufen. Man fand das Kind schließlich in einem zugeschütteten Brunnen des Hauses.
Alles Leugnen half nichts. Sooft die Edle auch beteuerte, dem Kind keinen Schaden zugefügt zu haben, man glaubte ihr nicht.
Und die stolze Irmgardis wurde zur Folter nach Schloß Homburg gebracht.
Zuerst zeigte man ihr dort die Folterwerkzeuge. Die Folterknechte schnallten sie sodann auf die Streckbank und zogen ihre Gliedmaßen in die Länge. Dann wurde sie mit glühenden Eisen mißhandelt, bis sie gestand, das Kind getötet zu haben.
Wenige Tage später wurde das Todesurteil auf dem Galgenberg im Nutscheid vollstreckt. Aus der ganzen Umgebung strömten die Leute zusammen wie zu einem Volksfest. Schließlich konnte man nicht jeden Tag zusehen, wie ein edles Fräulein von schöner Gestalt geköpft wird. Doch dem Scharfrichter Schalenbach tat das Mädchen leid, auch war er von ihrer schönen Gestalt angetan. Wie kraft- und schwungvoll hieb er sonst den Schwerverbrechern den Kopf ab! Jetzt schaute er zum Richter und sagte beklommen: „So Gott mir helfe, werde ich das Schwert fallen lassen."
Und das Schwert wollte dann auch tatsächlich diesen schönen Hals nicht durchschlagen. Schalenbach schlug einmal, zweimal und gar ein drittes Mal, bis es vollbracht war. Zum Richter gewandt meinte er schließlich: „Habt Ihr recht geurteilt, so habe ich recht gerichtet!" Doch seine inneren Zweifel konnte er damit nicht vertreiben.
Viele Jahre vergingen. Die Mutter der armen Irmgardis wurde krank und glaubte, sterben zu müssen. Sie schickte zum Pfarrer, er solle ihr die Beichte abnehmen und die letzte Ölung spenden. Sie beichtete: „Herr Pfarrer, ich war es, die das Kind getötet hat. Der Tochter habe ich gesagt, es habe sich unter der Geburt verschluckt und sei in Frieden verschieden. Sie hat mir geglaubt, die Arme. Ich wollte sie doch nur vor der Schmach behüten. Nun ist sie unschuldig gerichtet worden."

Die Karnaper Galgentauben

Früher waren die Höhen am Ufer der Wupper allesamt mit Wäldern bedeckt. Nur hier und da lugte eine Bauernkate hervor. Wo dennoch etwas gerodet war, lag zumindest ein Kamp, ein kleinerer Wald aus Laubbäumen. Diese brauchte man, um daraus das Fachwerk der Häuser zu zimmern, die immer wieder neu errichtet werden mußten, weil Feuersbrünste die alten zerstört hatten. Und manchmal wurde aus dem Holz auch ein Galgen errichtet.
Zwischen Klausen und Westen liegt der Karnaper Galgenkamp auf dem Bergrücken. Nahe des Scheitels findet man dort auch heute noch eine sumpfige Stelle. Über diesen Ort gibt es die unglaublichsten Geschichten. Eine davon handelt von Mord, einem Henker und vielen Tränen.
Was war geschehen?
Zu einer Zeit, als das Bergische Land Zankapfel im Streit der hohen Herren war, wollte es der Zufall, daß ein Händler einen Mord entdeckte, in den ein Graf verwickelt war. Graf Diethelm mag er geheißen haben oder Eberhard, Albrecht oder Adolf. Die Namen vergehen wie die Jahreszeiten, und wer es war, läßt die Sage außer acht. Sie berichtet nur von jenem Händler, der im Wald bei Barmen einen reichen, frommen Mann überfallen haben soll.
Der reiche Mann hieß Wienold. Er stammte aus dem armen Osten Westfalens und war als Bittsteller unterwegs. Seine Heimatgegend, das Ravensbergische, war in den Besitz des hiesigen Fürsten gelangt. Der neue Grundherr war für seinen rücksichtslosen Umgang mit den Untergebenen bekannt. Ohne Erbarmen preßte er ihnen den Zins ab. Wienold hingegen war ein frommer Mensch, der seine ihm Tribut zahlenden Bauern in Anstand und Würde leben ließ. Und dieser Bauern wegen hatte er die Reise unternommen. Er wollte Minderung der abzuliefernden Abgaben erreichen, denn der Flachs war in diesem Jahr wegen der heftigen Regenfälle schlecht geraten.
Wienold hatte sein Pferd gut gesattelt. Im Gepäck führte er einen braunen ledernen Beutel mit sich. In dem steckte etwas Geld, das er dem Grafen zum Ausgleich anbieten wollte.

Nun befand sich dieser gerade mit seinem Gefolge in derselben Gegend auf der Jagd. Ein gar munteres Treiben herrschte im Wald. Reh- und Damwild wurde ins Visier genommen. Vor die Flinte geriet aber auch das Pferd des Ravensbergers, und der brave Mann wurde getroffen. Ob zufällig oder nicht, das weiß heute keiner mehr zu sagen. Jedenfalls hatte der Schuß den ehrbaren Boten getroffen und ihm die Brust durchschlagen. Die Jagdleute machten sich flugs von dannen.

Einige Stunden später, es muß gegen Abend gewesen sein, kam ein fahrender Händler des Weges, der auf seinem Wagen Dinge geladen hatte, die den armen Bauern viel bedeuteten: Kerzen, Zucker, Salz, Kleintextilien, Garne und Nadeln. Der Händler hörte das Wiehern von Wienolds Pferd, das in der Nähe des niedergeschossenen Mannes graste.

Allerdings kam jede Hilfe zu spät. Der Ravensberger lag in seinem Blute und gab kein Lebenszeichen von sich. Nun bekreuzigte sich der Krämer und sagte mehr zu sich als zu dem Pferd: „Ich werde dich bei mir einspannen. Du bist ein edles Pferd. Mein Gaul aber ist schon müde von jahrelanger Arbeit. Ihn werde ich in die Freiheit entlassen!"

Das junge Pferd scheute zuerst, ließ sich aber dann doch das Zaumzeug anlegen. Der alte Klepper knabberte – ohne seine neue Freiheit zu beachten – das Blattwerk einer Buche an.

Da dem Ravensberger nicht mehr zu helfen war, dachte der Händler bei sich, daß ihm nicht nur das Pferd, sondern auch das Gepäck des Toten zustünde. Er war durchaus geneigt, diesen vollständig zu beerben; doch außer dem Geldsack nahm er nur noch den reichbestickten Gürtel mit, an dem der Geldbeutel gehangen hatte. Er schien recht wertvoll zu sein, weshalb der Händler ihn nicht zurücklassen mochte.

Doch weit kam der Mann nicht. Denn das neue Pferd ging ihm durch. Der offene Wagen mit der lockeren Plane landete im Graben. Es war halt kein braver Karrengaul, sondern ein feuriges Reitpferd, das er da vorgespannt hatte.

Unterdessen hatte man im nahen Wald den Toten bereits gefunden, und der Händler erregte bald Verdacht, weil einige Dinge, die er bei sich trug, allzu fein schienen. So kam es, daß er festgenommen wurde.

„Gib es zu, Krämer, du hast ihn aus Gier ermordet, und das ist wahrlich verdammenswert. Sein Geld wolltest du haben, seinen Gaul und natürlich auch seinen wertvollen Gürtel. Man wird dich daran aufhängen, denn dies ist das Beweisstück. Das Geld hättest du – wenn es auch schwerfällt, dies zu glauben – im Laufe der Jahre verdienen können. Das Pferd könntest du von einem Händler wohlfeil gekauft haben. Aber den Gürtel, den hat man dir nicht verkauft. Hier sind die Initialen des feinen Herrn, den du auf dem Gewissen hast, eingestickt. Und das Wappen zeigt, daß es ein frommer Mann aus dem Ravensbergischen war, woher auch der Flachs kommt. Auch du scheinst Flachs und Flausen im Kopf gehabt zu haben, als du den mörderischen Überfall geplant und ausgeführt hast!"

So sprach der Richter zum Händler.

„Schuldig!" hieß das Urteil, obwohl nicht vollständig geklärt werden konnte, wie der Mann diesen Mord ohne Waffe hatte begehen können. Das Urteil sollte auf dem Galgenkämpchen bei Karnap vollstreckt werden.

Alle Beteuerungen, er sei nicht der Mörder, waren umsonst. Die Schöffen waren nicht umzustimmen. Der Schuldspruch blieb. Der Tag der Hinrichtung wurde festgesetzt.

Auf einem Arme-Sünder-Karren wurde der Mann zur Richtstätte gefahren. Er beteuerte auch jetzt immer noch seine Unschuld und streckte die Arme flehentlich in den trüben, grauen Himmel, aus dem es in Strömen regnete. Der Richter aus Düsseldorf, der den Schuldspruch verkündet hatte, fuhr in einer offenen Kutsche hinterher, denn er mußte zusehen, ob das Urteil auch wirklich vollstreckt wurde.

„So glaubt mir doch, ich war es nicht!" Die Schreie, die von Minute zu Minute lauter wurden, verhallten in den Wäldern.

Beim Anblick dieses Jammers begann der Richter doch ein wenig zu zweifeln. Was wäre, wenn der Mann den Mord tatsächlich nicht begangen hätte? Zur eigenen Beruhigung und Rechtfertigung murmelte er halblaut vor sich hin: „Hab' ich falsch gerichtet, so ward ich falsch berichtet!"

Mittlerweile war der traurige Zug in Karnap angekommen. Düstere Wolken reichten vom Himmel fast bis auf die Erde. Der Regen rann unablässig und hatte längst alle gleichermaßen durchnäßt – den Richter, den Henker mit seinen Knechten, den Delinquenten sowie das zahlreich erschienene schaulustige Publikum. Kräftige Arme packten den Mann und zerrten ihn vom Karren …

... Währenddessen ritt ein Bote in fliegender Eile auf Karnap zu. Er trug in seiner Tasche einen Brief des reuigen Grafen, der nicht auch noch am Tod des Händlers schuldig sein wollte.
Daß es ein Jagdunfall war, konnte er vor Gericht sicher beweisen. Ein schlechter Schuß, ein Treffer – und wie es der Zufall wollte, war das Reh ein Gaul gewesen. Der Graf würde nichts zu befürchten haben. Sein Entschluß, sich zu bekennen, war am Morgen in der Kirche gereift. Der Pfarrer schien ihn persönlich zu meinen, als er gepredigt hatte: „Schuldig ist derjenige, der Unschuldige schuldig werden läßt!"
Immer wieder gab der Bote seinem Pferd die Sporen. Schaum tropfte dem Tier vom Maul. Und dann lag dort auf einmal ein großer Stein im Wege. Das letzte Stück hatte der Bote also zu Fuß zu bewältigen. Wenn er bloß rechtzeitig ankäme! Noch immer geriet die Richtstätte nicht in Sicht. „Wartet doch!" rief er. „Einhalten!" Aber keiner hörte ihn.
„Laßt mich! Ich habe das Unrecht nicht getan!" Ungerührt ließ der Henker den Totgeweihten zum Galgen führen. Wie es damals Sitte war, forderte der Richter ihn noch einmal auf, seine Sünde zu bekennen. Der Krämer hob sein blasses Gesicht in die Höhe, reckte seine Hände zum Himmel und rief mit tränenerstickter Stimme: „Gott ist mein Zeuge, daß ich unschuldig sterbe!"
Daraufhin tat der Henker seine Pflicht, und der Verurteilte hatte schon bald seinen Geist aufgegeben. In diesem Moment teilten sich die dunklen Wolken, und die Sonne brach durch. Drei weiße Tauben flogen gurrend über den Galgen, und den Leuten, die dabei standen, schien es, als ob die Tauben riefen: „Unschuld, Unschuld, Unschuld!"
Da hastete der Bote heran und rief: „Er ist nicht der Mörder!"
Wie schämten sich da die Leute und weinten heiße Tränen um den unschuldig Gerichteten. Die bittersten Vorwürfe aber machte sich der Richter. Obwohl ihn seine Freunde zu trösten versuchten, fand er keine Ruhe mehr und legte sein Amt nieder.
Der Galgen am Kämpchen bei Karnap wurde abgebrochen. Die Stelle, wo er einst gestanden hat, bleibt im Winter, im Herbst und im Frühjahr sumpfig. Selbst im heißesten Sommer tropft und trieft es dort. Es sollen, so geht die Sage, die Tränen über den Tod eines unschuldig Verurteilten sein, die da hervorquellen.

Der Ausspann „Zum Strick“

Ob zu Fuß, mit dem Fahrrad oder mit dem Auto – wer über die bergischen Hügelstraßen reist, über die alten Heerwege, die schon Napoleon mit seinen zusammengekauften Truppen beschritten hat, trifft immer wieder auf alte, meist freistehende massive Gebäude, die früher einmal als Ausspann dienten.

„Ausspann“ ist im doppelten Wortsinn gemeint. Zum einen wurden hier die Pferde der Fuhrleute ausgespannt, d. h. an in der Hauswand eingelassenen stählernen Ringen angebunden und mit Futter und Wasser versorgt. Nach langer, schweißtreibender Plackerei mit schwerer Fracht im bergigen, unwegsamen Gelände hatten die Tiere das sicher verdient. Verdient hatte sich's auch der Fuhrmann, der zu einem „Gespann“ ins Wirtshaus ging. Und schließlich hat auch der Wirt an der Pause der Fuhrleute verdient, denn mit einem „Gespann“ – das waren ein Bier und ein großer Klarer – war kaum ein Fuhrmann zufrieden. Oft gab es noch eine Pfanne mit Bratkartoffeln, Schinken und mehreren Eiern, sowie eine Rindfleischsuppe vorweg.

Ein Ausspann war also ein lohnendes Geschäft. Reisende gab es viele: zu Pferde, in Chaisen, in Bügelkarren oder Kutschen – alles ging über die Landstraße; natürlich auch die Transporte: Kohle, Salz, Tuche und allerlei sonstige Güter. Zwischen dem Bergischen, Kölnischen und dem Siegerland herrschte immer reger Fuhrverkehr. Und so manche Wirtin brachte, wenn im frühen Morgengrauen die Fuhrleute abgezogen waren, eine ganze Schürze Krontaler hinauf in die Kommode.

Oft ist mittlerweile aus dem alten Ausspann eine „gute Adresse“ geworden, ein renommiertes Lokal für gehobene Ansprüche mit gepflegtem Blumenschmuck in den alten Futtertrögen. So ein Lokal steht auch an der Hückeswagener Straße, die vom Aggertal hinauf über Marienheide nach Wipperfürth und weiter nach Hückeswagen und Lennep führt.

Im Garten dieses Gasthauses stand in früheren Zeiten der „Schöppenstuhl“, der Gerichtssitz. Der große Garten wirkt auch heute noch sehr gepflegt. In der linken Ecke, nahe der Straße, steht ein hoher, im Frühjahr herrlich blühender Kirschbaum. Des weiteren finden sich hier etli-

A GABER

che Birnbäume, die im frühen Herbst wohlschmeckende Tafelbirnen tragen. Das Wirtshaus selber ist ein breites, behäbig hingelagertes Gebäude aus Bruchstein. Eine Treppe führt gleich von der Straße zum ersten Stockwerk empor. Durch die Eichentür gelangt man in die große, mit Steinplatten ausgelegte Diele und schließlich in die Gaststube. Hier ist eine Falltür in den Boden eingelassen, unter der eine Treppe in den Keller führt. Auf das Recht, das an diesem Ort einstmals gesprochen wurde, weist eine Balkeninschrift über der Haustür hin, wo in lateinischer Sprache geschrieben steht: „Recte faciendo neminem timeas“ (Recht tun, niemanden scheuen).

In früheren Zeiten lebte hier der Advokat Nüstermann, dessen Bruder den Gasthof bewirtschaftete. Seine ständige Redensart war: „Ich bin geneigt, zu glauben.“ – Für einen Advokaten, dessen Sprache ja schließlich von seiner Vernunft und präzisen Denkungsart zeugen sollte, war das natürlich eine recht ungewöhnliche Redewendung.

Nüstermann soll sie allerdings auch des häufigeren im privaten Rahmen verwendet haben. Seiner Schwägerin gegenüber bemerkte er einmal, als sie ihm ein Glas Wein kredenzte: „Liebe Schwägerin, Ihr ward so liebenswürdig, mir ein Glas Wein vorzusetzen, doch ich bin geneigt zu glauben, daß es Essig ist!“

Die Nüstermanns waren von alters her Erzgräber und reich an Grundbesitz und Waldungen. Auch das Gasthaus war ein lohnendes Geschäft und mehrte den Reichtum der Familie nicht unbeträchtlich. Schon aus Tradition mußte einer in der Familie die Juristerei erlernen. Noch heute wird erzählt, daß in früheren Zeiten das Gericht im Nüstermannschen Garten getagt haben soll, und zwar unter den Bäumen mit den Tafelbirnen.

Im vorliegenden Fall ging es aber nicht um Tafelbirnen, sondern um Tafelsilber, welches ein Fuhrmann aus dem Nüstermannschen Büffetschrank mitgehen lassen wollte. Allerdings, soviel sei hier schon verraten, kam er damit nicht weit. Er hieß übrigens Wietscher und kam aus dem Leichlinger Raum.

Eines Morgens fuhr er schon früh am Gasthof vor. Wie er gehofft hatte, war er der erste Gast. Beim Ausspannen traf er jedoch nicht den Gastwirt Nüstermann an, sondern den Advokat gleichen Namens. „Wo sind denn die Gastlüh?“ fragte Wietscher, und der Advokat antwortete:

„Mein Bruder mußte seine Frau zum Arzt in die Stadt bringen. Ich bin geneigt zu glauben, daß sie beim Birnenpflücken von der Leiter gefal-

len ist. In den frühen Morgenstunden ist noch Tau auf der Leiter, und das macht sie, so bin ich geneigt zu glauben, sehr glatt und rutschig."
„Der Knecht ist auch mit?" fragte Wietscher und hörte: „Der mußte sie ja fahren."
Hätte Nüstermann dem Fuhrmann in die Augen geschaut, dann hätte er dort ganz kurz kleine, boshafte Blitze aufleuchten sehen. „Können Sie das auch mit den Pääds-Deeren? Die brauchen Wasser und Heu", sagte Wietscher.
„Ich bin geneigt zu glauben, daß ich das kann", erwiderte der vornehme Advokat. „Alleine, Sie könnten es ja auch selber bewerkstelligen!"
„Ich muß aber nötig aufs Häuschen!" Der Fuhrmann witterte seine große Chance. Er mußte es nur so einrichten, daß er ein paar Minuten allein in der Gaststube blieb. Daß es dort etwas zu holen gab, da war er sich sicher.
„Aufs Häuschen, ja ... dann machen Sie mal!" sagte Nüstermann.
Zuerst eilte Wietscher auch in Richtung des besagten Ortes, lief aber dann durch die Hintertüre in den Wirtsraum und sah sich dort um. Wie er angenommen hatte, war kein Mensch dort. Nur die große Standuhr tickte gleichmäßig vor sich hin. Nach ein paar Schritten stand er schon beim Büffetschrank und zog an der Schublade mit dem Silber. Das wurde, wie er wußte, immer dann benutzt, wenn feinere Gesellschaften im Hause waren. Ob die Wirtin wohl abgeschlossen hatte? Aber nein, die Schublade ließ sich öffnen. Wietscher spähte rasch aus dem Fenster: Der studierte Pferdeknecht tränkte gerade eines seiner Pferde, während das andere ungeduldig mit dem Huf scharrte.
Wietscher war noch dabei, das Besteck hastig in seinen Rucksack, in dem er auch seinen Lohn aufbewahrte, zu werfen, da hörte er hinter sich die Stimme des Advokaten: „Sagen Sie mal, wieviel Heu ist das übliche Maß?"
Geistesgegenwärtig öffnete Wietscher die Falltüre und ließ seinen Rucksack die Treppe herunterpurzeln. Das Scheppern befremdete den Juristen, der in der Türe stand.
„Ich war geneigt zu glauben, Sie seien im Häuschen und würden Ihr Geschäft verrichten. Nun aber finde ich Sie hier, und es scheint mir, Sie haben es sich schon häuslich gemacht. Wie anders kann ich es mir erklären, daß es sich anhört, als ob man in der Küche rumore!"

„Ich war schnell fertig!“ stammelte der erwischte Kutscher. „Ich dachte, hier würde mein Gespann schon auf dem Tisch stehen. Aber Sie sagten es ja, die Wirtsleute sind in der Stadt.“

„Das sagte ich allerdings!“ Nüstermann strich über seinen Schnurrbart. „Haben Sie eine Erklärung, warum es hier so einen Krach gegeben hat?“

„Das war ..., das war sicher die Katze, sie hat etwas umgeworfen.“

„Wir haben keine Katze“, entgegnete Nüstermann, „aber es dünkt mich, daß es hier eine fremde Katze gibt, die etwas mausen wollte!“ Seine Stimme schwoll bedrohlich an.

Mit festem Schritt ging er nun zur Falltür, die sich ein wenig verhakt hatte und deshalb noch einen Spalt offenstand. Er öffnete sie und stieg die Treppe hinab. „Aha, da ist ja das Corpus delicti!“ jubelte er, als sich mit einem Mal die Türe über seinem Kopf schloß.

Wietscher schob noch den Büffetschrank darüber, und an einen baldigen Aufstieg des Gelehrten war demnach nicht mehr zu denken.

Der Fuhrmann lief nach draußen und machte sich eilig daran, seine Pferde anzuspannen. Da packten ihn von hinten zwei Hände, und ein Seil wurde ihm um den Hals geschlungen: „Dich will ich lehren, fremdes Eigentum zu stehlen!“ Plötzlich wurde ihm der Hals so eng, es wollte überhaupt keine Luft mehr hindurchpassen. Gleich würde seine Brust platzen! Konnte ihm denn niemand helfen? Er sackte zu Boden und zuckte noch ein paarmal kraftlos mit den Beinen. Dann war Ruhe.

Der Mann vorne am Strick, der den Delinquenten hinter sich herzog, merkte kaum, daß dessen Gegenwehr immer geringer geworden war und plötzlich ganz aufgehört hatte. „Verdammt schwer, der Spitzbube! He, wirst du wohl mitkommen!“

Nüstermann kannte natürlich einen Ausweg aus dem Keller und hatte sich in rasender Wut auf den völlig Überraschten gestürzt. Mit dem Strick um den Hals zog er ihn jetzt zu den in die Hauswand eingelassenen eisernen Ringen, wo noch eins der Fuhrmannspferde festgebunden war.

„Dich bringe ich vor's Gericht, und du wirst es nicht weit haben!“ triumphierte der Advokat. „Ich werde mir zwei Schöffen bestellen und dann geht es ab in den Garten!“

Jedoch der Fuhrmann redete nicht. Er entschuldigte sich nicht, entrüstete sich nicht, er sprach überhaupt kein Wort. Er konnte auch kein

Wort mehr sprechen, denn die Schlinge des Seils hatte ihm für alle Zeiten die Luft abgedrückt.
Endlich entdeckte Nüstermann seine Freveltat. Jeder Versuch, den Fuhrmann zurück ins Leben zu bringen, mißlang. Und so band der Advokat den Erwürgten los und schleppte ihn in den Keller an den Fuß der schmalen Stiege, die an der Falltüre befestigt war.
Er hatte sich gerade den Schweiß von der Stirn gewischt, da hörte er draußen Hufschlag und das Rollen von Rädern. Ein ruhiges „Brrr, Lore!" ließ die Geräusche verstummen. Kurz darauf machte ein weiteres Gespann vor dem Haus halt, und die Kutscher begannen, nach dem Pferdeknecht zu rufen.
Doch kein Knecht kam. So schickte Nüstermann sich an, dessen Arbeiten zu verrichten, die eigentlich eines Juristen nicht würdig waren.
„Warum seid Ihr so kreidebleich!" fragte einer der Fuhrmänner.
„Ich habe einen Schock bekommen. Meine Schwägerin ist schwer gestürzt, und ihr Mann mußte sie zum Arzt bringen."
„Sieh an, Hannes ist auch schon da!" sagte der zweite Fuhrmann und deutete mit der Peitsche auf das Gespann Wietschers. Man kannte sich in diesen Kreisen, und Pferde und Wagen waren untrügliche „Nummernschilder".
„Er ist auch gestürzt", beeilte sich der Advokat zu sagen. „Er wollte uns das Tafelsilber stehlen und stürzte bei der Untat durch die Falltüre. Ich bin geneigt zu glauben, daß er es nicht überlebt hat!"
„Hannes gestürzt? Der ist doch ein geschickter Kerl! Was hast du mit ihm angestellt?" Die beiden Fuhrleute öffneten die Falltüre und sahen den leblosen Körper neben dem Rucksack liegen. „Wo ist hier der nächste Doktor?" rief erregt der Ältere. „Der braucht sofort einen Arzt!"
Schon spannte er seine Pferde an, und die beiden Fuhrmänner trugen den leblosen Körper auf den offenen Wagen. „Er hat doch Striemen am Hals! Das ist niemals eine Sturzwunde!" rief aufgewühlt der Jüngere. „Kein Arzt kriegt den jemals wieder auf den Bock!"
Eilig fuhr der ältere Mann los. Hastig schlug er mit seiner Peitsche auf die Gäule ein, die sich doch so sehr auf eine Erfrischung gefreut hatten. Vorher hatte der alte „Peitschenritter" seinen jüngeren Kollegen angewiesen: „Halte du den Mann fest. Der wird ihn erdrosselt haben!"
Bedrohlich baute sich der junge Fuhrmann vor dem Advokaten auf. „Jetzt werden wir es mal andersherum machen. Ich frage, und Sie ant-

worten. Und nun mal raus mit der Sprache! Was hat sich hier abgespielt?“

Schon früher hatte der Herr Advokat Nüstermann bei den Fuhrleuten für Ärger gesorgt. Mit seiner gestelzten Redeweise und dem überheblichen Habitus eines Gelehrten mischte er sich oft in die Gespräche der Zecher ein. Manchmal verdarb er ihnen auch den Spaß an einer Zote oder einem derben Witz mit der Bemerkung: „Mich dünkt, es sind genug der Worte gewechselt!“

So mancher hatte schon den Gastwirt aufgefordert, den Bruder doch bitte dort zu lassen, wo er ihrer Meinung nach hingehörte: auf die Gerichtsstätte unter den Bäumen mit den Tafelbirnen.

„Paß auf, ich rate einfach mal“, fuhr der junge Mann fort und ging ganz automatisch zum vertraulichen ‚du‘ über. Außerdem drückte er den am ganzen Körper schlotternden Vertreter der dritten Gewalt auf die Bank, die dort stand. „Du hattest Streit mit Hannes, und ihr seid ins Raufen geraten. Dabei hast du ihn einfach erwürgt; ob mit oder ohne Absicht, das wollen wir für den Moment mal dahingestellt sein lassen. Jedenfalls hast du ihn danach die Treppe hinuntergeworfen. Und damit alles so aussieht, als hätte es mit dem Erwürgen schon seine Richtigkeit, hast du ihm das Besteck in den Rucksack gepackt.“

„Nein…“, stammelte Nüstermann, „so war es nicht. Er hat sich wirklich am Tafelsilber vergriffen. Als ich ihn erwischte, wollte er fliehen. Dabei ist er gestürzt!“

„Aber, aber… Das soll ich dir glauben? Was ist denn mit der Schublade, in der dein Silber gelegen hat? Sie trägt ein Schloß, aber es ist nicht aufgebrochen worden. Also muß der Dieb wohl einen Schlüssel besessen haben. Wo sollte Hannes den wohl hergehabt haben, he?“

„Meine Schwägerin wird die Schublade aufgelassen haben!“

„Und“, polterte der Fuhrmann, „und kannst du mir als Advokatus vielleicht sagen, wie einer vom Stürzen Würgemale am Hals bekommt?“

„Er wird sich in den Seilen verfangen haben!“ brachte der Beschuldigte kläglich hervor.

„Verfangen haben! Tatsächlich, so wird es wohl gewesen sein! Aber wird das ein Richter glauben?“ höhnte der Fuhrmann.

„Ich sage nichts mehr! Ihr seid kein Richter, dem ich Auskunft schuldig wäre!“ Nüstermanns Miene hellte sich auf. „Also, bringt mich doch vor Gericht!“, meinte er schlau.

Es ging schon auf die Mittagszeit zu, und mit lautem Peitschenknallen fuhren weitere Fuhrleute vor. Schnell sprach sich die Untat herum, und immer noch war man unter sich. Fast alle hatten Hannes gekannt. Die Stimmung wurde immer gereizter. Hinzu kam, daß man nichts zu trinken bekam, weshalb man zur Selbstbedienung schritt.

„Er ist ein wohlanständiger Bürger, der zuvörderst und uneigennützig dem Recht zu seinem Recht verhilft!“ sagte einer bitter lachend. „Ich höre schon geradezu, wie er dem Richter gegenüber seine Schandtat schönredet und die Wahrheit verdreht!“ Wütend knallte er mit seiner Peitsche auf den Steinboden. „Wie wäre es, wenn wir ihn mal ins Gebet nehmen? Steh auf!“ Mit einem Mal peitschte die Lederschnur quer durchs Gesicht des Advokaten. „Gestehe!“

„Ich habe alles gesagt, was zu sagen war, und ich werde Sie alle vor's Gericht bringen, wenn sie dieses … dieses Tribunal nicht auf der Stelle beenden!“

„Auf der Stelle beenden!“ rief einer.

„Sicher, das werden wir. Aber erst sagst du uns, was geschehen ist!“ Wieder knallte die Peitsche durch sein Gesicht. Nüstermann wollte sich erheben und weglaufen, aber starke Fuhrmannsarme preßten ihn wieder zurück auf die hölzerne Bank.

„Jetzt sind wir mal die Schöffen!“ sagte ein Mann mit verbogener Nase.

„Raufbolde seid ihr. Mehr nicht. Und wenn mich die Herren jetzt nicht sofort in die Freiheit entlassen, werde ich sie wegen Nötigung anzeigen!“

„Anzeigen!“ sagte einer. „Man zeigt hier im Ausspann lediglich an, was man an Getränken und Speisen verzehrt hat. Hier!“ Und er knallte ein paar Münzen auf den Tisch. „Ich bezahle zum letzten Male hier, und dann werden wir uns daran halten, hier werden wir nie wieder ausspannen!“

„Ausspannen!“ murmelte ein alter Fuhrmann. „Wenn unser Freund Striemen am Halse hatte, dann hat man wohl ihn anstatt der Pferde angebunden!“

„So wird es sein!“ rief der mit der Peitsche, der sich zum Wortführer aufgeschwungen hatte. „Und es ist doch nur recht und billig, wenn der Herr Advokat die gleiche Strafe bekommt!“ Ein lautes, böses Lachen füllte den Gastraum. „Wir werden ihn mal von seiner Arbeit ausspannen lassen und ihn ein wenig an das Haus binden. Er wird sicherlich sei-

ne Freude daran haben!“ Er faßte mit zwei weiteren Männern den Advokaten, und sie führten ihn zu dem Haltering, wo noch das Pferd des Kollegen Wietscher angebunden war.
„Hier ist noch Platz!“ rief einer und fand sehr bald ein Seil, das er dem Advokaten um den Hals band. Mit sicherem Knoten befestigte er es schließlich am Ring.
So stand nun Nüstermann hilflos neben dem Gaul. Er hörte die Peitschen knallen, und nachdem sich die Fuhrwerke in Bewegung gesetzt hatten, war er allein. Allein mit dem Gaul, dem Fuhrwerk und mit sich. Einen Pferdetritt bekam er, als er sich losreißen wollte. Der warf ihn nieder. Er lag schließlich so lange auf dem Boden, bis sein Bruder nach Hause kam. Der wollte ihm eigentlich sagen, daß seine Frau sich die Rippen gebrochen habe und im Hospital liege. „Was ist denn hier passiert?“ brachte er jedoch nur hervor. Immerhin band er den Gefesselten los.
„Einer von den verbrecherischen Fuhrleuten wollte uns bestehlen! Alleine, ich war wachsam und konnte das Unglück verhindern. Dabei ist allerdings ein anderes Unglück passiert. Aber das war Notwehr. Jeder Richter wird mir Glauben schenken.“
Tatsächlich kam es zur Gerichtsverhandlung. Nüstermann bot viel Geld für die Verteidigung auf und konnte schließlich mit einem milden Urteil rechnen. „Ich habe mich nur gewehrt“, sagte er, „und das ist mein gutes Recht!“
Er kam mit einer Geldstrafe davon. Aber da war auch noch das Berufsverbot für diesen Landstrich. Und so kam es, daß er nach Gießen auswanderte, um dort als Doktor beider Rechte zu lehren.
An dem Nüstermannschen Anwesen aber fuhren seitdem die Fuhrleute vorbei, und man hörte oft in der engen Kurve laut die Peitschen knallen. Und immer, wenn sich der Tag des Unglücks jährte, fand Nüstermann, der schon bald seine Gastwirtschaft aufgeben mußte, an einem der Eisenringe ein verknotetes Seil vor.
„Zum Strick“ heißt der Ausspann, der heute längst wieder eine gut florierende Ausflugswirtschaft ist. Und so mancher fragt sich, woher wohl der ungewöhnliche Name stammen mag.

Von Teufeln und Hexen

Das Geheimrezept ***oder*** **Wie die Solinger Klingen erfunden wurden**

In Damaskus, im heutigen Syrien, wurden viele Jahrhunderte hindurch die besten Schwerter der Welt gefertigt. Der Ruf der Damaszener Klingen war sprichwörtlich und auch in das abgelegene und waldreiche Tal der Wupper gedrungen, wo zahlreiche Schmiede schon seit langer Zeit recht gute Klingen herstellten.

Ruthart war so ein fleißiger Waffenschmied. Er hatte zufriedene Kunden, gute Aufträge, und trotzdem geriet er oft ins Grübeln. Wie konnte es nur sein, daß die Schmiedekunst in Damaskus weiter war als hier im christlichen Abendland? Diese Frage quälte den gottesfürchtigen Mann Tag und Nacht.

Der Wunsch, hinter das Geheimnis der Damaszener Schmiedekunst zu kommen, hatte so von ihm Besitz ergriffen, daß er gar nicht bemerkte, wie seine einzige Tochter zu einer schönen jungen Frau heranwuchs.

Nun hatte Ruthart einen tüchtigen, aber armen Gesellen. Sein Name war Günther. Diesem war das Töchterlein sehr wohl aufgefallen. Oft neckte sie ihn, und er war ganz sicher, daß sich darin ihre liebevolle Zuneigung zu ihm ausdrückte.

„Lieber Meister", sagte er eines Tages, „es gibt keine Jungfrau auf diesem Erdenrund, die so schön und anmutig ist wie Eure Tochter. Ich habe sie so lieb wie mein eigenes Leben. Gebt sie mir zur Frau, bitte!"

Daraufhin nahm Meister Ruthart ein Schwert, sah den Bittsteller mit strengen Augen an und hieb mit einem Schlag einen herausstehenden Nagelkopf von der Wand.

„Ein Ritter brachte es mir einst aus Damaskus mit." Er strich über die Klinge. Kein noch so kleiner Riß war zu sehen. „Wenn du es lernst, solch eine Klinge zu schmieden, soll meine Tochter dir gehören!"

Natürlich wußte der Meister, daß der junge Mann dieses Wissen niemals in heimischen Gefilden erwerben konnte. Er würde nach Damaskus wandern müssen, um dort einem Meister das Geheimnis abzunötigen. Doch würde er schwerlich die ferne Stadt Damaskus erreichen. Zu vielfältig waren die Gefahren auf der langen Wanderung, zu groß die Strapazen. Außerdem war der Geselle vollkommen mittellos.

Dennoch traf Günther frohgemut seine Reisevorbereitungen. Und an einem frühen Sommermorgen war es so weit. Er küßte seine Geliebte und begann die lange Wanderung.
Ruthart aber grämte sich, denn er glaubte fest, daß der fleißige Geselle nie wieder den Fuß über die Türschwelle seiner Schmiede setzen würde, hinter der das mächtige Feuer in der Esse loderte. Einen tüchtigen Mann hatte er für immer und ewig verloren. Schon auf dem Weg würden ihm gewissenlose Verbrecher das Fell über die Ohren ziehen. Und sollte er wider Erwarten doch bis Damaskus kommen, an diesem berüchtigten Ort wäre er auf jeden Fall verloren.
Auch der Geselle fragte sich besorgt, ob er wohl Erfolg haben würde. Aber dann redete er sich selbst Mut zu. Er nahm den Weg den Rhein hinab zum Main, und nach vielen Tagen kam er in die dichten Wälder des Spessarts.
Eines Abends war er auf der Suche nach einem Nachtquartier und sah sich schon nach einer geschützten Stelle um, an der er die Nacht unter freiem Himmel würde verbringen können, als er weiter hinten im Wald einen schwachen Lichtschein bemerkte. Er ging auf ihn zu und gelangte zu einer kleinen, halbzerfallenen Hütte.
Auf sein Klopfen trat eine alte Frau in die niedrige Tür. Aber mein Gott, wie war die häßlich! Klein und verwachsen von Gestalt. Der Kopf saß schief auf den krummen Schultern, die Nasenspitze hing ihr fast bis zum spitz aufwärts strebenden Kinn. Der Mund war vollkommen zahnlos, und die trüben, wässrigen Augen blickten ihn mürrisch und mißtrauisch an.
„Was wollt Ihr?“ fragte sie.
Beim keifend-knarrenden Klang ihrer Stimme gruselte es den Burschen. „Bitte gebt mir ein Nachtquartier. Ich bin müde und hungrig. Morgen will ich gerne weiterziehen“, trug er mutig seine Bitte vor. „Dann kommt herein“, knurrte sie, sah ihn aber gar nicht unfreundlich an. „Ihr müßt die Kammer mit einem anderen Gast teilen. Der wird jedoch erst zu nächtlicher Stunde eintreffen. Kommt derweil ruhig zu mir in die Stube, dort könnt Ihr die Abendsuppe mit mir essen.“
Obwohl der Bursche immer noch ein ganz und gar ungutes Gefühl verspürte, war er doch froh, Unterkunft gefunden zu haben. Denn er hatte gehört, daß es im Spessart noch wilde Tiere geben solle und manch ei-

ner, der unter freiem Himmel geschlafen habe, nicht wieder aufgewacht sei.
Beim Essen erzählte er, warum es ihn zu dieser weiten Reise trieb. Die Frau lachte und machte Andeutungen, daß ihm geholfen werden könne. „Wartet nur bis Mitternacht!"
Als er sich später in seiner schmalen Kammer hinlegte, dauerte es lange, bis er endlich einschlief, denn die unheimliche Alte und das, was sie gesagt hatte, gingen ihm nicht aus dem Kopf.
Um Mitternacht wurde Günther durch einen lauten Knall geweckt. Es klang, als ob etwas Schweres den Kamin hinunterpolterte. Vorsichtig schlich er sich an die schmale Bretterwand, die seine Kammer von der Wohnstube trennte, und lugte durch eine Ritze.
Bei der Alten war nun ein Mann, sehr groß und finster sah er aus. Er trug einen roten Rock und eine lange Hahnenfeder am Hut. Die Füße hatte er in die Asche der Herdstelle gesteckt. Seine Gastgeberin stand vor dem Fremden und redete auf ihn ein. Dann wandte sie sich zur Kammer. Günther schlüpfte rasch wieder ins Bett und tat, als ob er schliefe. Die Alte zerrte an ihm und flüsterte: „Hier ist jemand, der kann Euch die Reise nach Damaskus ersparen."
Als Günther die Wohnstube betrat, saß der Fremde immer noch am Herdfeuer und sah auf einen Kessel, der über der Feuerstelle hing. Doch dann wandte er ihm sein finsteres Antlitz zu und fragte: „Was willst du von mir?" Günther erzählte ihm all das, was er vorhin schon der Alten berichtet hatte.
Der Lange hörte ihm grinsend zu und lachte höhnisch, als Günther seinen Bericht beendet hatte. Dann sagte er: „Ich kann dir das Geheimnis der Damaszener Klingen verraten. Wer es wie ich gewohnt ist, durch Glut und Hitze zu gehen, der wird es wohl verstehen, Klingen zu schmieden, die so schön, so hart und doch geschmeidig sind wie die, die im Morgenland gefertigt werden. Nur – ich tue nichts umsonst. Nach 7 Jahren und 7 Monaten gehörst du mir, mit Leib und Seele!"
Der Fremde setzte ihm derartig zu, daß Günther nicht lange zauderte. Er nahm die Hahnenfeder, die der Unheimliche vorher in den Kessel getaucht hatte, und setzte seinen Namen auf ein Blatt Papier, das dieser ihm hinhielt. Dann holte der Mann aus der Asche einen versiegelten Umschlag. „Sobald du das Siegel brichst, gehörst du mir!"

Wie er ins Bett seiner Kammer gekommen war, wußte er am anderen Morgen nicht mehr. Aber an die Begegnung mit dem Fremden konnte er sich gut erinnern. Wie zum Beweis, daß er das alles nicht geträumt hatte, lag der versiegelte Brief neben ihm. Doch ansonsten war die Hütte vollkommen leer.
Mit klopfendem Herzen kehrte der junge Mann in die Schmiede nahe der Wupper zurück. Ruthart war überrascht, ihn so bald wiederzusehen. Seine Tochter aber konnte sich vor Glück gar nicht fassen. Und Günther mußte sofort berichten, wie es ihm ergangen war.
Im Verlaufe der Erzählung wurde Rutharts Miene immer ernster. Und ihn faßte ein Grauen, als er fragte: „Weißt du, wer der stolze Mann war, dem du dich mit Leib und Seele verschrieben hast? Das war niemand anderes als der Leibhaftige selber!" Da er aber ein frommer Mann war, sprach er weiter: „Ich will nicht, daß du dich der Klingen wegen um dein ewiges Seelenheil bringst. Daß du es mit der Liebe zu meiner Tochter ernst meinst, hast du ausreichend bewiesen. Sie soll dir angehören. Den Brief aber legen wir versiegelt in das geheimste Fach meines Schrankes. Mögen meine Enkel dereinst das Geheimnis entdecken. Dann werden mehr als 7 Jahre und 7 Monate vergangen sein, und der Teufel kann ihnen nichts mehr anhaben."
So geschah es. Die Hochzeit wurde fröhlich gefeiert, und Schwiegersohn und Schwiegervater arbeiteten einträchtig und mit viel Fleiß gemeinsam in der Schmiede.
Viele Jahre später, Ruthart lag längst unter der Erde, und auch Günther war schon ein Greis, wurde der Brief von Günthers beiden Söhnen gefunden. Sie erbrachen das Siegel und lernten nach der Anweisung, Schwerter zu schmieden, die diejenigen aus Damaskus an Härte sogar noch übertrafen. Und so kam es, daß die Solinger Waffenschmiede im ganzen Land berühmt wurden für ihre Kunst.

Wie der Teufel einst mit Gott einen Vertrag schließen wollte

In vielen Geschichten und Sagen kämpft der Teufel gegen Gott um den Menschen. Er packt ihn bei seinen Schwächen und Neigungen, und meistens scheint ihm die Versuchung zu gelingen. Doch am Schluß, so will es die Moral, siegt der Herrgott mit seinem weisen Rat und leistet Beistand in höchster Not.

Trotzdem ängstigt der Teufel immer wieder die Menschen, treibt allerhand Spuk und versucht auf listige Weise, seine Macht zu erweitern. Aber was kann er schon ausrichten gegen die göttliche Macht?

Also rief der Teufel einmal seine Anhänger und Freunde zusammen, und es wurde beschlossen, mit dem Herrgott einen Vertrag abzuschließen über die Herrschaft der Welt. Der Herrgott solle regieren, wenn das Laub auf den Bäumen sitze, der Teufel aber, wenn es abgefallen sei und der Wald kahl dastehe.

Dies wurde von einem Zaunkönig belauscht, und der erzählte es dem geschwätzigen Eichelhäher, der daraufhin die Nachricht in den Wald hineinschrie.

Als nun die scharfen Herbstwinde durch den Forst brausten und die rauhen Nächte und Tage kamen, die das grüne Laub zu Boden warfen, da blieben Fichte, Kiefer, Tannenbaum und der Wacholder grün wie im Sommer, und auch die Eibe, die Mistel, der Buchsbaum und das Efeu behielten ihre grünen Blätter.

So stand der Wald auch im Winter im Blätterschmuck da, und der Teufel mußte sein Spiel verloren geben. Der Herrgott aber hat die Bäume belohnt: Tanne und Fichte wurden zu Weihnachtsbäumen, und manche grünen Sträucher haben zu ihrem Schutz Stacheln erhalten. Der Buchsbaum aber schmückt seitdem die Festtafel der Brautleute.

Wie der Teufel Zwietracht säte

Die zum Schloß Gimborn gehörende Mühle ist schon sehr alt. Hier hat sich vor langen Jahren folgendes zugetragen. Der junge Müller hatte sich eine hübsche Frau geholt und lebte mit ihr glücklich und zufrieden. Das paßte aber dem Teufel nicht. Eines Tages, als der Müller gerade Mehl zu den Bauern fuhr, kam er zur Müllerin und wollte ihr allerlei Arges über ihren Mann erzählen. Die junge Frau aber sagte: „Macht, daß Ihr mit euerem schwarzen Hinkefuß von dannen kommt."

Wütend darüber, daß er erkannt worden war, stelzte der Teufel nun zu einem alten Weibe, das zu allem fähig war. Er versprach ihr ein paar feine Schuhe, wenn es ihr gelänge, das junge Glück in der Mühle zu zerstören. Die Alte sagte zu.

Sie ging zum Müller und flüsterte ihm zu, daß seine Frau ihn hintergehe und es auch mit anderen Männern halte. Hinter seinem Rücken erzähle sie gar, am liebsten wäre es ihr, wenn der Müller unter dem Rasen läge.

Der Müller wollte es nicht glauben, beobachtete aber seine Frau von nun an argwöhnisch. Sie merkte dies und war ganz unglücklich darüber. Das böse Weib ging daraufhin zur Müllerin und fragte scheinheilig: „Hast du gemerkt, daß dein Mann ganz anders zu dir ist als früher? Wenn du willst, daß es wieder besser wird, dann schneide ihm in der Nacht drei Haare vom Halse ab und wirf sie ins Feuer. Dieser Zauber wird helfen."

In der Nacht nahm nun die Frau ein Rasiermesser und beugte sich über ihren schlafenden Mann. Der wurde wach, und als er das Messer sah, sprang er erschrocken auf und schrie: „Was, du Falsche, du willst mir den Hals abschneiden?" Er hieb ihr das Messer in die Brust, und sie starb, ehe sie ein Wort der Rechtfertigung sagen konnte.

So wurde durch den Teufel und ein klatschsüchtiges, böses Weib das Glück in der Gimborner Mühle zerstört.

Der Teufel und der Spieler

Vor gut hundert Jahren lebte in der Gegend bei Holpe ein bärenstarker Mann, der sich angeblich vor Tod und Teufel nicht fürchtete. Nach Feierabend ging er in das Gasthaus von Holpe und spielte dort bis in die Nacht hinein Karten. Dabei gewann er häufig. Erst nach Mitternacht trat er mit den gewonnenen Talern den Heimweg an. Seine Mitspieler warnten ihn, denn das Geld klimperte verdächtig in der nächtlichen Stille. „Keiner wird es wagen, sich mit mir anzulegen!“ sagte der Mann lachend.
Doch eines Nachts bemerkte er auf der Holper Höhe, daß ein Reiter auf ihn zukam, dessen Erscheinung aber wie Nebel zerfloß, als der Spieler ihn mit seinem Eichenstock bedrohte. Daraufhin erschien es dem Mann so, als hätten sich Roß und Reiter mit ihrer ganzen Schwere auf seine Schultern gesetzt und wollten ihn mit Gewalt zu Boden ziehen. Da packte ihn die Angst, und er begann unter Keuchen und Stöhnen zu laufen, bis er an ein einsames Gehöft kam. Erleichtert eilte er zu den Bauersleuten ins Haus. Er schämte sich aber, sein Erlebnis zu berichten, denn er war als furchtloser Draufgänger im ganzen Morsbacher Land bekannt. Also bat er nur um Feuer für seine Pfeife.
Doch auf dem Weitermarsch hängte sich das Ungetüm wieder schwer an ihn, so daß er es bis an seine eigene Haustüre tragen mußte. Halbtot fiel er auf sein Bett.
Am nächsten Morgen fragte er in der Nachbarschaft um Rat nach. „Das war der Teufel!“ sagte man ihm. Auch wurde er gewarnt, weiterhin nach Holpe zum Spiel zu gehen. Er konnte seine Leidenschaft nicht aufgeben und prahlte, er werde es erneut mit dem Teufel aufnehmen.
Beim nächsten Heimweg um Mitternacht erging es ihm wie zuvor. Roß und Reiter hingen wieder auf ihm. Daraufhin bat der Spieler einen Bauern, ihn auf dem Weiterweg zu begleiten. Der konnte sich der Bitte nicht entziehen, sich das schwere Atmen und Keuchen des Spielers aber nicht erklären, denn der sah so stark aus, außerdem konnte er dessen Last nicht sehen. Wie ein Sack stürzte der bärenstarke Mann in tödlicher Erschöpfung auf den Boden, und von dem Schrecken erholte er sich nicht mehr.

Feuerfunken

Über Gläubige und unschuldige Kinder hat der Teufel keine Macht. Das sollte man auch in Lenscheid erfahren. Dort lag ein Mann in seiner Kammer im Sterben. Er hatte keinen guten Lebenswandel geführt, und die Nachbarn sprachen schon davon, daß „der Teufel mit ihm bald abfahren werde“. Diese Worte hörte ein Knabe, der daraufhin zur Tür lief, um den Teufel fortzujagen.

An dem Sterbehause befand sich eine quergeteilte Tür, wie sie im Homburgischen üblich ist. So wird das herumstreunende Kleinvieh von der Wohnstätte ferngehalten. Der Junge kletterte auf die untere Türhälfte und sah in den Hausflur hinein. Dort gewahrte er ein Knistern und Zischen; Feuerfunken sprühten umher, obwohl im Kamin kein Feuer brannte. Der Knabe sprang nun wieder hinab und holte einen dicken Stein, den er in den Hausflur warf, mitten in den Funkenregen hinein. Sofort war es dort still. Der Junge aber rühmte sich: „Ich habe mit meinen eigenen Händen den Teufel vertrieben!“

Von Hexen und Hexensagen aus dem Bergischen Land

Lange Zeit haben die Scheiterhaufen gebrannt. Pogromstimmung in Stadt und Land. Geschätzt wird, daß sechs Millionen Frauen (und Männer) der Hexenverfolgung zum Opfer gefallen sind. Die schlimmsten Exzesse gab es zwischen dem 15. und 18. Jahrhundert, also in einer Zeit, in der Renaissance und Humanismus in weiten Teilen Europas das Leben prägten. Es war also beileibe nicht nur das „dunkle Mittelalter", das den gefährlichen Hexenwahn hervorbrachte.
Im sogenannten „Hexenhammer", dem nach Erfindung des Buchdrucks die fragwürdige Ehre zukam, der erste zeitgenössische Bestseller der Geschichte zu sein, wurde eine Gebrauchsanleitung für Hexenjäger geliefert. Wie erkennt man Hexen und Hexer? Dieses Buch beinhaltet – wohl auch zur Ergötzung des lesekundigen, gebildeten Publikums – eine widerliche Mixtur aus Sexismus und Männlichkeitswahn; es schreibt der Frau eine Rolle zu, die dem Mann die Möglichkeit zu ihrer Erniedrigung gibt: Frauen sind von Natur aus schlecht (siehe Eva und ihr Apfel), sie haben Mangel an Verstand, leben in Affekt und Leidenschaft, sind ungläubig und geil, auch lassen sie sich nicht regieren. Zu den Verfolgten gehörten vornehmlich die Frauen, die „die Sache der Frauen" verstanden, wie zum Beispiel die Hebammen, die auch von der Verhütung wußten, sowie Frauen, die ein Handwerk ausübten und damit in Konkurrenz zur Männerwelt standen. Aber auch unliebsame Ehegattinnen konnten beiseite geschafft und vom Vermögensanspruch ausgeschlossen werden. Einige Kirchenvertreter legten besonderen Wert auf die Verfolgung alleinstehender, wohlhabender Frauen, denn ihr Vermögen fiel nach „erkannter Hexentätigkeit" an die geistlich-weltliche Obrigkeit.
Von den grausamen Foltermethoden soll an dieser Stelle nur am Rande die Rede sein, wohl aber davon, wie unschuldige Menschen in die Maschinerie des Hexenwahns gerieten.

Einige Hexengeschichten finden wir in den Sagen des Bergischen und des Oberbergischen Landes, z. B. die von der Hexe im Gummersbacher Hexenbusch. Auch von Brunohl, Nosbach und dem Lambachtal wird

„Verhextes“ überliefert. Hexentanzplätze gab es bei Windfus und Morsbach. Von Hexenweihern und Hexenschwemmen wird aus dem Homburger Raum berichtet. Hier mußten die „Hexen“ die sogenannte Wasserprobe über sich ergehen lassen.

Vom Hexenbusch in Gummersbach heißt es, daß dort eine Hexe der Menschheit Pest, Verderben und Tod geschworen habe; natürlich hatte sie brandrote Haare und verstand sich auf die Kunst der Verhütung, „so daß die Frauen in Gummersbach lange Zeit keine Kinder mehr bekamen“. Schließlich passierte, was in dieser Zeit der Hexenhysterie nicht anders sein konnte: „Drei beherzte Männer aus Gummersbach packten die Hexe in der Osternacht. ‚Kannst du auch Gewitter machen?‘ wurde die Hexe gefragt. ‚Ja!‘ nickte diese. ‚Laß einen starken Blitz in diese hohe Eiche fahren!‘ forderte einer der Männer.“ Kaum hatte die Hexe dem nächsten Blitz befohlen, die Eiche zu treffen, ketteten die Männer die Frau an diesen Baum. „Der Blitz zuckte, der Donner krachte, als wolle die Erde untergehen. Die Eiche splitterte und brannte lichterloh, und mit ihr verbrannte die gräßliche Hexe.“

Das Lambachtal bei Brunohl ist die Heimat der „Stina“ gewesen. Bekam eine Kuh einen Euterschuß, so daß sie keine Milch mehr gab, war man sicher, daß Stina sie mit ihrem bösen Blick verzaubert hatte. Auch sie wurde hingerichtet.

Nicht weit von Schloß Homburg macht die Bröl eine Biegung. Hier ist das Wasser ziemlich tief und reißend. Wer nicht gut schwimmen kann, muß in diesen Strudeln ertrinken. Hierhin hat das Homburger Gericht die „Hexen“ zur Wasserprobe geführt. Dazu wurden sie ins Wasser geworfen. Wer mit den Armen ruderte und oben blieb, galt als der Hexerei schuldig. Wer dabei unterging, wurde zwar für unschuldig befunden, war dann aber auch meistens ertrunken.

Katzerei ist Ketzerei

In einem Brauhaus spukte es gar mächtig, so daß es dort kein Brauknecht lange aushielt. Da meldete sich kurz nach dem Dreißigjährigen Krieg ein alter ausgedienter Soldat und hielt beim Brauherrn um Arbeit an. Da es an Männern fehlte, bekam er die Stelle. Er solle sich aber in acht nehmen.

Jeden Tag braute er nun das Bier und war oft bis in die Nacht hinein beschäftigt. Als er einmal eine Pause einlegte und sich eine Pfeife anzündete, zählte er vom nahen Kirchtum zwölf dumpfe Glockenschläge. Mit dem letzten Schlage schlichen sich einige große, rabenschwarze Katzen in die Brauhalle, setzten sich im Halbkreis um den Mann und starrten ihn mit ihren funkelnden Augen böse an. „Fang du an!“ miaute die eine, eine andere entgegnete: „Nein, du mußt anfangen!“

Da schnappte der kriegserprobte Mann seinen Säbel, sprang zwischen die Tiere und rief: „Nein, ich fange an.“ Er hieb rechts und links auf sie ein, daß sie übereinander stürzten und jämmerlich schrien. Als sie begriffen, wie ihnen geschah, stoben sie auseinander, aber ein Katzenohr und ein Stück Pfote blieben zurück.

Am anderen Morgen stellte sich heraus, daß die Frau des Brauherrn am Ohr verletzt war. Außerdem hörte der Brauknecht, daß ihre Nachbarin seit dem Morgen eine Wunde am Fuß hätte. Da glaubte er Bescheid zu wissen, mit wem er es in der Nacht zu tun gehabt hatte.

Ja, so rasch konnten Frauen damals zu Hexen werden.

Hexenwahn

Der Krieg zog durchs Land, und ihm folgte die Pest. Eine weitere Geißel waren die Hexenverfolgungen, die auch in diesen Landstrich Hysterie und Aufruhr brachten. Keiner konnte seinem Nächsten mehr vertrauen, denn viele denunzierten Nachbarn und Bekannte, sei es aus Mißgunst, Habgier oder weil man sich selbst davon Schutz erhoffte.
Unsere Geschichte spielt im Wildenburger Land im ersten Quartal des 17. Jahrhunderts, also vor fast vierhundert Jahren.
Auf einem Bergkegel, oft von dichten Nebelschwaden umwabert, stand mächtig aufragend die Wildenburg der Herren zu Hatzfeld. Zur Burg gehörte großer Landbesitz. Die Bauern der umliegenden Dörfer hatten dem Grundherren Abgaben zu entrichten. Einer von ihnen war Ebert Flock, der in Voßwinkel einen Hof mit zwei Pferden bewirtschaftete. Für ihn war es ein Aufstieg, denn er kam aus dem nahen Ebertseifen, wo die Böden sehr viel schlechter waren.
So war Ebert Flock froh, als der Grundherr ihm den Hinteren Hof in Voßwinkel anbot. Zum Hof gehörten 126 Morgen Land – davon war fast die Hälfte Ackerland. Die jährliche Pacht betrug 6 Malter Korn, 2 Malter Gerste und 8 Malter Hafer. Außerdem mußte er alle zwei Jahre ein Rind abgeben und aus der Köhlerei in den Haubergen ebenfalls ein Teil des Ertrages. Ebert hätte mit seiner Frau und den vier Kindern sein Auskommen gehabt, wenn nicht eines Tages … Doch wir wollen von Anfang an erzählen.
Der Älteste, Lorenz, wurde um 1594 geboren. Seine Spielkameraden waren die Geschwister und dann die Nachbarskinder vom unmittelbar anschließenden Hof. Weiter hinaus wagten die Kinder nicht zu gehen; zu groß war ihre Angst vor den Hexen. Denn der Hexenwahn ging um links und rechts der Sieg.
Neben Armut und Not regierte in diesem kärglichen Landstrich der tief verwurzelte, fast heidnisch zu nennende Aberglaube. Bildung für die Bauern und ihre Kinder gab es nicht. Auch Lorenz konnte keine Schule besuchen; es gab nur den kurzen Kommunionsunterricht. Zwar bestand nach dem Gesetz Schulpflicht, doch die wurde speziell im ländli-

chen Raum kaum eingehalten. Pastor Christian Freundt aus Wissen an der Sieg beklagte diesen Zustand in einem Schreiben an die Herren von Hatzfeld:
„ … daß die Jugend mit geringer Instruction christlicher Lehr und Tugend versehen und geziert und sonderlich von Natur unwissend, trostlos, ohne beständige Hoffnung sich aus eigenen Kräften weder lehren, strafen noch trösten könne."
Lorenz war gerade 20 Jahre alt, als die Mutter starb. Auch des Vaters Kraft nahm ab, und Lorenz dachte immer öfter daran, die Leitung des Hofes zu übernehmen. Doch da ereilte seine Familie eine schlimme Nachricht: Der Grundherr kündigte ihnen den Hof Voßwinkel. Zum Ausgleich sollte ihnen wieder der kleinere Hof im Ebertseifen zugewiesen werden. Dabei hatte der Vater doch die Pacht immer pünktlich bezahlt! Was sollte Lorenz bloß tun? Die Schwestern, so überlegte er, die mögen ja in einen anderen Hof einheiraten, aber ich …
Er nahm sich vor, nach Schönstein zu laufen und die Herrschaft umzustimmen. Der Vater aber riet ihm ab mit den Worten: „Den Gang kannst du dir sparen, Junge, da läufst du besser nach dem Born und setzt dort den roten Hahn aufs Dach!" Born – das war der Bornweg, wo Ebertseifen lag.
Die in Wut und Verzweiflung gesprochenen Worte des Vaters ließen Lorenz nicht mehr los und lenkten seine Gedanken in eine unheilvolle Richtung. Immer wieder grübelte er darüber nach. Bald glaubte er, eine Lösung aus der Notlage gefunden zu haben. Würde Ebertseifen erst brennen, dann würde man sie dort wohnen lassen, wo sie waren.
In einer mondhellen Nacht brach Lorenz mit einem eisernen Topf auf, der angefüllt war mit glühenden Kohlen. Er überschritt die schmale Brücke über die Sieg und schlich die Wingershardt hinauf. Kein Mensch begegnete ihm, denn es war schon nach Mitternacht. Da lag es, das ungeliebte Haus mit dem niedrigen Strohdach. Er brauchte nur den Kohlentopf unter die Strohdocken zu stellen, und ihr Problem würde sich von selber lösen.
Erst als das Stroh prasselnd Feuer fing, kam ihm heiß zum Bewußtsein, daß im Haus Menschen lebten. „Feuer! Feuer! Es brennt!" Er stürzte aufs Haus zu, versuchte die Tür einzurammen. Doch da riegelte Frau Bärffgen schon auf, drückte ihm die jüngste Tochter in den Arm, rannte zurück und riß den Sohn aus dem Bett. Dann weckte sie den Vater,

der es nicht lassen konnte, noch einmal ins Haus hinein zu laufen, um das kleine, unter einer Holzdiele versteckte Vermögen – zwei Hände voll Silberstücke – zu retten. Lorenz kam ihm zu Hilfe.
Mit seinem noch fast kindlich zu nennenden Gemüt hatte er kaum einschätzen können, was er anrichten würde. Zum Glück kam kein Mensch zu Schaden, und auch die Tiere, die auf dem Hof gehalten wurden, konnten gerettet werden. Selbst die meisten Möbel schleppte man unbeschädigt ins Freie. Sie wurden in der weiter unten im Seifen gelegenen Scheune abgestellt.
Von Herzen bedankte sich Bärffgen bei Lorenz für die Rettung. Sie ahnte ja nicht, wer das Feuer verschuldet hatte. Die junge Frau war Witwe. Ihr Mann war beim Holzfällen verunglückt, und sie lebte mit ihren zwei kleinen Kindern und dem kranken Vater allein. Für die schweren Arbeiten auf dem Hof kam der Schwager herüber. Der machte sich Hoffnung, bei der schönen jungen Frau der Nachfolger seines Bruders zu werden. Doch sie hatte sich zu seinem Ärger noch nicht für ihn entschieden. Lorenz starrte lange in Bärffgens Gesicht und sagte kein Wort.
Die Leute aus dem Nachbardorf kamen erst, als das Haus schon in Schutt und Asche lag. Wie hatte das Unglück nur passieren können? Jahre später sollten einige von ihnen sich erinnern, schon damals ein unheimliches Gefühl gehabt zu haben, als sei nicht alles mit rechten Dingen zugegangen.
Lorenz sah die Menschen, hörte, was sie redeten, doch nichts davon drang zu ihm durch. Als ihm bewußt wurde, was er getan hatte, fühlte er eine tiefe Reue. Schluchzend lief er davon. Zu Hause beichtete er alles dem Vater. Der nahm es schweigend auf und schluckte die Vorwürfe herunter. Schließlich hatte er mit seiner unbedachten Rede den Jungen erst auf die Idee gebracht. Gemeinsam beschlossen sie, für Bärffgen ein neues, doppeltes Haus zu bauen. Über die Brandstiftung – so vereinbarten sie – wollten sie alle Zeit Stillschweigen bewahren.
Als Lorenz am nächsten Morgen erwachte, galten seine ersten Gedanken Ebertseifen und Bärffgen. Sie hat mich regelrecht verhext, dachte er erschrocken, doch ihm war so wunderbar zumute. Nein, eine Hexe konnte Bärffgen nicht sein, dazu war sie viel zu schön und liebreizend.

In der kommenden Zeit legten Ebert und Lorenz kräftig Hand an beim Wiederaufbau. Bärffgen und Lorenz wurden einander dabei immer ver-

trauter. Aber wie konnte er, der Brandstifter, es wagen, um eine Frau anzuhalten, Kindern ein Vater sein zu wollen? Schwere Fragen lasteten ihm auf der Seele, und er suchte seine Zuflucht im Gebet.
Eines Tages bekam er Antwort. Eine Stimme sagte zu ihm: „Reise zum Grab des Heiligen Jakobus nach Compostela. Bitte ihn um Vergebung!"
Lorenz wußte nicht, ob er das gedacht, geträumt oder wirklich gehört hatte.
Einmal hatte ihm einer von den großen Gefahren solch einer Pilgerreise ins ferne Spanien erzählt und ihn davor gewarnt. Er selber hätte umkehren müssen und wäre noch froh gewesen, mit dem nackten Leben davon gekommen zu sein. Wegelagerer lauerten überall. Sie schlichen sich ins Vertrauen, indem sie sich der Pilgergruppe anschlossen, oder sie überfielen die frommen Wanderer im Schlaf.
Sein Vater aber ermutigte den jungen Mann zur Reise. Vielleicht konnte er sich auf diese Weise von der Last der Schuld befreien, die er auf sich geladen hatte.
Ebert begleitete seinen Sohn ein Stück des Weges, denn nie war Lorenz aus dem Landstrich herausgekommen, welcher sich zwischen der Herrschaft der bergischen Herzöge, derer von Nassau und Sayn, derer von Wildenburg und den frommen Kurkölnern erstreckte. Köln war das erste Ziel.
In Friesenhagen bogen die beiden vom Wege ab, und der Vater zeigte dem Sohn den Dreiherrenstein, wo drei Herrschaften aneinanderstoßen. „Nur wenig weiter steht wieder ein Dreiherrenstein. Dort kommt man ins Bergische Land."
Auf einer Lichtung zwischen Oberstöcken und Obersolbach schauten die Männer beklommen um sich. War hier nicht der bekannte Hexentanzplatz?
„Sag Vater, hast du jemals Hexen bei ihrem Treiben gesehen?"
„Ich wüßte dir niemanden zu nennen", antwortete Ebert. „Dennoch", so meinte er, „bekennen die Zauberer und Hexen immer vor ihrer Hinrichtung, daß sie mit dem Teufel im Bunde stehen. Frag deinen Beichtvater in Compostela danach."
Von Obersolbach kam ein Mann hinauf. Johann Solbach kannte den Vater und der stellte ihm seinen Sohn vor. „Als ich euch von ferne sah, dachte ich schon, ihr wärt zwei Hexenmeister", bemerkte Solbach lächelnd.

„Aber nein, mein Sohn macht eine Pilgerfahrt. Er sucht das ferne Compostela auf, um den Heiligen Jakobus zu verehren."

Bald standen sie auf dem höchsten Punkt des Wildenburger Landes, und der Vater sprach zu seinem Sohn über die Gerichtsstätte, die sich in früher Zeit hier befunden hatte. Dann schloß er: „Von hier aus wirst du den Weg allein finden, denn wir sind auf der Straße, die von Siegen nach Köln führt." Und die beiden nahmen jetzt herzlich Abschied voneinander.

Nach Sankt Kunibert, am Kölner Rheinufer gelegen, wollte der junge Pilger. Dort gab es, so hatte Lorenz erfahren, eine Bruderschaft St. Jakobus, die in den nächsten Tagen ins ferne Spanien aufbrechen würde.

Der gewaltige Rheinfluß faszinierte den jungen Mann. Viele, völlig ungewohnte und neue Eindrücke ließen den unbedarften Bauernburschen staunen.

Köln, Koblenz, Paris – und in Bourdeaux die vielen Schiffe. Zum erstenmal sah Lorenz das Meer. Er glaubte, nun bald am Ziel angekommen zu sein, doch die Reise dauerte noch viele Wochen, bis sie endlich ihr Ziel erreichten: Santiago de Compostela, in der Provinz Coruna, im äußersten Nordwesten Spaniens gelegen.

Lorenz fand in dem einzigen deutschen Priester dort einen verständnisvollen Beichtvater. Der glaubte ihm seine aufrichtige Reue und sprach ihn von seiner Schuld los, wenn er nur fleißig beim Aufbau des Hauses mithelfe; und der Vater dürfe auch in Frieden leben, seine Schuld sei durch die Pilgerfahrt mitgesühnt.

Der Beichtvater sprach mit Lorenz noch über die Vorgänge in Deutschland. Er klärte ihn über die schlimmen Folgen des Hexenwahns auf: „In anderen Ländern kennt man kaum Hexen. Warum aber glaubt man in Deutschland an die massenhafte Heimsuchung durch Hexen und Hexenmeister? Das kann doch nicht sein! Da werden zu Hunderten und Tausenden arme, unschuldige Menschen verfolgt, gequält und zu Tode gebracht. Wenn sie sich unter der Folter schuldig bekennen, so liegt das einzig und allein darin begründet, daß sie die Folterqualen nicht aushalten können. Ihr Leben ist ohnehin verloren, wenn sie erst einmal in den Kreis der Beschuldigten geraten. Ein Folterknecht hat sich mir gegenüber einmal gerühmt, sogar dem Papst selber, sollte er ihm unter die

Finger kommen, würde er das Geständnis abpressen, ein Hexenmeister zu sein!"
Auch wußte der Priester, daß viele aufgeklärte Menschen in Lorenz' Heimatland die Hexenverfolgungen verurteilten. Sie hätten aber Angst, ihre Meinung zu sagen. So könne der Irrsinn ungehindert immer weiter um sich greifen.
„Es wird noch das Leben vieler unschuldiger Menschen kosten", schloß der Gottesmann, „bis Deutschland vom Hexenwahn befreit sein wird. Halte du dich stets an den lieben Gott, so brauchst du den Teufel nicht zu fürchten!"
Der Priester gab dem Wallfahrer auch ein Dokument mit, worin stand, daß „Lorenz Flock aus Ebertseifen an der Sieg die Wallfahrt nach Compostela gemacht und dort gebeichtet hat".
„Verwahr dies gut, es kann dir noch von großem Nutzen sein!"
Nach dem Reisesegen in der Wallfahrtskirche ging es wieder heimwärts. Doch es sollte noch mehrere Wochen dauern, bis die Pilger wieder die Sprache hörten, die ihnen vertraut war.
Verwundert sahen die Leute in Friesenhagen auf, als ein bärtiger Mann mit derbem Wanderstab und einer kleinen Wanderrolle die Kirche zur Christmette betrat. Lorenz war zu Hause.
Bald würde er seine Lieben in die Arme schließen können. „Wird Bärffgen mich willkommen heißen?" Unruhig schlug das Herz des Geläuterten. Doch Bärffgen umarmte ihn und sagte: „Ich weiß längst, warum du weg warst. Nun bleibe hier und sieh, wie unser Haus wächst. Lege weiter mit Hand an, und ich werde dich nicht verstoßen!"
Einen Rosenkranz aus dem fernen Compostela hatte Lorenz seiner Umworbenen mitgebracht.
Am Tag des heiligen Stephanus verlobten sie sich ohne großen Aufwand und ohne Gäste, denn Bärffgens Vater lag im Sterben. Pfingsten war's, da gaben sie sich vor Gott und dem Priester das Versprechen ewiger Treue. Bald kündigte sich Nachwuchs an. Und Lorenz blickte stolz auf seinen Hof.
Es gab aber auch Neider, die Lorenz' Erfolge nicht ohne Mißgunst sehen konnten. Denn der vergrößerte durch Waldrodung stetig seine Felder und brachte gute Ernten ein.
So könnte man hier die Geschichte des Lorenz vom Ebertseifen beenden, wären da nicht die Zeitwirren gewesen, die auch das Bergische

Land und die angrenzenden Gebiete prägten und erschütterten. Bereits vor dem Dreißigährigen Krieg gab es hier Hexenprozesse. Wer aber glaubte schon, daß er selbst einmal verfolgt werden könnte? Es traf doch immer nur die anderen: Kleins Johann den Älteren, Thomas von Niedergüdelhofen, Stingen vor der Hard …

Der Dreißigjährige Krieg brachte viel Elend und Not in das Wildenburger Land. Wo die Soldaten durchzogen, brannten sie die Häuser nieder, plünderten die Höfe, drangen in die Häuser ein, vergewaltigten die Frauen und quälten, wen sie sonst noch vorfanden. Das war das Leid, das Fremde den Wildenburgern antaten, Fremde, die irgendwann wieder wegzogen.
Größeres Leid aber taten sich die Wildenburger gegenseitig an. Die Kriegsabgaben waren zu leisten, und sie wuchsen umso höher, je länger der Krieg dauerte. Viele Bauern gerieten in große Not. Wenn dann einer trotzdem eine gute Ernte einfahren konnte, nagte an manchem Nachbarn die Eifersucht, und er versuchte Erklärungen dafür zu finden, warum diesem gelungen war, was einem selber versagt blieb. Meist kam er dann darauf, es sei Hexenwerk gewesen, Zauberei, die es nun gleich auch anzuzeigen gelte bei den weltlichen und kirchlichen Richtern und Schöffen.
Noch gab es die Hexenprozesse nur auf der linken Siegseite, in Schönstein. Doch als der Krieg ins elfte Jahr ging, forderten die Wildenburger Untertanen in einem Bittgesuch an die eigentlich aufgeklärte Herrschaft, doch endlich auch im Wildenburger Land mit den Hexen aufzuräumen, „damit frommer leuth kinder nicht durch teuffel gifft angestochen, um heil und säligkeit gebracht und des ewigen todtes sterben mögten, auch diejenigen, welche solches zu straffen gepürt, deren sünde nicht theilhaftig werden."
Man schrieb das Jahr 1629, und die Herren von Hatzfeld verloren ein Dreißigstel ihrer Bevölkerung durch die unseligen Hexenprozesse. 50 Frauen und Männer mußten sich vor einem Gericht verteidigen, wo es nichts zu verteidigen gab. Einer von ihnen war Lorenz vom Ebertseifen.
Bevor er seine Pilgerreise angetreten hatte, glaubte er noch an die Rechtmäßigkeit der Hexenprozesse und hielt die Hingerichteten für schuldig. Aber die Begegnung mit dem Beichtvater in Santiago de

Compostela hatte ihm die Augen geöffnet. Sein Taufpate war unter den ersten Opfern; die Geschwister seiner so früh verstorbenen Mutter folgten. Entweder hatten sie den „bösen Blick", oder eine Kuh ging ein oder die Saat zu gut auf. Gründe, den Neid der Nachbarn auf sich zu ziehen, gab es immer. Und wer bekannte, er glaube nicht an Zauberwahn und Hexerei, wurde der Ketzerei bezichtigt.
Nun gehörte Lorenz nicht zu den Menschen, die das große Wort führen. Allerdings sagte er, daß mit den Prozessen „nur gewisse Härren ihre Münzen zählen" und spielte damit darauf an, daß die Hexenrichter von jedem Angeklagten 4 Reichsthaler verlangen durften. Und die Schöffen lebten auch nicht schlecht dabei, wenn sie in Wissen an der Sieg ins Gasthaus einkehrten, um dort ihre „gerechte Sache" zu besprechen.
Also, hieß es da, warum vernichtete der Hagel im letzten Jahr den Hafer des Nachbarn im Hassel? Warum aber stand er auf dem benachbarten Feld des Lorenz Flock noch ganz unbeschadet?
War nicht Lorenz da gewesen, als es damals bei Bärffgen brannte? War er nicht sogar der erste – war er vielleicht schuld an dem Unglück?
Als dann Johann Solbach verhört und gefragt wurde, wer denn statt seiner ein Hexenmeister sein könne, suchte der alte Mann nach Worten.
„Ja, damals, als ich den Ebert vom Ebertseifen – Gott hab' ihn selig – traf, war auch ein junger Mann dabei. Ebert sagte, dies sei sein Sohn Lorenz!"
„Und wo war das?"
„Es war auf dem Hexentanzplatz, zwischen Obersolbach und Oberstöcken. Da haben sie Rast gemacht."
„Und was haben sie gesagt?"
„Der Sohn wolle zu einer Pilgerfahrt … aber in Wirklichkeit hat er dort getanzt!"
„Getanzt!" – Der Richter nickte vielsagend.
Bald schon, die Ernte war noch nicht eingefahren, wurde Lorenz zur Wildenburg geholt. Man las ihm die Anklage vor und forderte ihn auf, sich gleich schuldig zu bekennen, damit er sich die Folterqualen ersparen möge. Für die Richter stand seine Schuld fest. Solbachs Johann hatte ihn benannt und aus dem Voßwinkel ein neidischer Nachbar. Außerdem stamme er aus einem „des Zauberlasters verdächtigen Geschlechte". War nicht schon sein Taufpate hingerichtet worden, desgleichen die

Geschwister seiner Mutter? Die letzten Worte der Anklage lauteten: „Alle diese articulen sind wahr, erweist und erweislich."
Lorenz wußte um die Ausweglosigkeit seiner Lage. Zu oft hatte er schon gehört, wie man den Menschen ein Geständnis abgepreßt hatte, sei es mit oder ohne Folter. Er resignierte jedoch nicht. Die Martern würde er – 35 Jahre war er jetzt alt und alles andere als schmächtig gebaut – schon überstehen. Nie würden seine Frau und die Kinder aus dem Munde des Richters hören: „Er hat selbst gesagt: Ich bin ein Zauberer!" Niemals!
Ein wenig Tageslicht drang durch die schmale Öffnung der Bruchsteinmauer in die Zelle, die Wände waren naß, und es roch modrig. Das Lager teilte er mit einer beträchtlichen Anzahl Ratten, die ihm pfeifend um die Füße huschten. Und dennoch: Was waren diese Ratten gegen die großen Ratten in den Gerichtskammern?
Gerhard aus den Birken bei Honigsessen hatte schon bekannt, er sei ein Zauberer. Auch er nannte Lorenz einen Hexer, weil die Knechte die Folterqualen verringerten, nannte man nur Namen. Die Richter legten den armen Gequälten die Namen der Leute in den Mund, die sie brauchten. Und die eifrigen Protokollanten hatten Mühe, die vielen Namen und Beschuldigungen zu notieren.
Lorenz gab schließlich seine Jugendsünden zu. Er habe einem Krämer eine Hutschnur gestohlen und den Herren von Wildenburg aus der Sieg einige Fische.
„Und weiter?"
„Nichts weiter!"
„Wie war das damals mit dem Brand? Man erzählt, du hättest als erster dabei gestanden, als das Strohdach in Flammen aufging!"
„Es gab allerorten Feuer. So manche Scheuer ist abgebrannt und so manches Wohnhaus. Warum sollte ich ein Haus verzaubern?"
„Hast du nicht die Frau geheiratet, die dort wohnte?"
„Ja, ich liebte sie, und sie war Witwe!"
„Auch sie hast du verzaubert!"
„Nein!"
„Doch! Gestehe endlich!"
Jetzt packte Lorenz aus. Er dachte, den Richter milde zu stimmen, erführe er von der Wahrheit. Doch sein ausführliches Geständnis – auch die Pilgerreise fand dabei Erwähnung – beeindruckte den Richter nicht.

Lorenz schloß: „Ich habe meine Sünden bekannt und gesühnt. Ein Zauberer bin ich nicht!"
„Und du bist doch der Hexerei schuldig!" donnerte der Richter.
Lorenz bat in seiner Verzweiflung um eine Wasserprobe.
Zur Wasserprobe wurde der Verdächtige in den Mühlteich geworfen. Ging er unter, so war die Unschuld bewiesen. Zwar wurden anschließend die wenigsten gerettet, aber eine kleine Chance gab es doch. Freilich, die meisten schwammen oder paddelten mit Händen und Füßen, so daß sie zwar nicht ertranken, aber den sicheren Feuertod zu erwarten hatten; denn nicht unterzugehen bedeutete: schuldig.
Lorenz richtete seine Hoffnung verzweifelt auf ein Wunder. Aber es gab kein Wunder. „Er hat aufrichtig geschwommen." So hieß es im Protokoll. Für das Gericht stand Lorenz' Schuld jetzt fest. Noch am gleichen Tag wurde er schwer gefoltert, um ihm ein Geständnis abzupressen. Auch vier Männern, die zur Hinrichtung geführt wurden, mußte der Gequälte ins Auge sehen.
„Hat er nicht auf dem Hexentanzplatz wie toll getanzt?" wurden die vier gefragt, und sie antworteten in der Hoffnung auf einen schnellen Tod: „Ja." Die Zeugnisse der Todgeweihten galten als besonders verläßlich; hieß es doch, vor dem Tode sei ein jeder reumütig und würde mit keiner weiteren Lüge auf der Seele die Erde verlassen wollen.
Und noch mehr Folterqualen mußte Lorenz erleiden. Er gab schließlich zu, ein Hexer zu sein und widerrief, als die Schmerzen nachließen. Man hatte kein Mitleid mit ihm. Es war schon beschlossen, daß er sterben sollte. Dann kam ein weiterer bestochener Zeuge: „Ja, ich habe ihm in der vergangenen Walpurgisnacht bei dem Teufelstanz eine Kuhklaue voll mit Wein gereicht, und er hat auch getrunken!" Als Lorenz auch dies bestritt, wurde er weiter gefoltert.
Doch dann war seine Kraft gebrochen. Er bekannte, Zauberer zu sein. Er habe auf der Hohen Fuhr getanzt, links herum, wie es nur Hexen und Zauberer tun. Ja, er habe auch Kühe böse angesehen und die seien dann tot umgefallen. Der Zauberwahn habe ihn auch Bärffgens Haus anzünden lassen. Doch seine Frau, die sei nicht verhext, fügte er an.
Zum Beweis, so sagte er, könne man unter seiner Achsel ein Mal finden. Dieses habe ihm der Teufel gegeben, und er habe es vor Bärffgen immer gut versteckt. Als der Richter mit einer Nadel in das Muttermal stoßen ließ, schrie Lorenz nicht einmal auf.

Am 13. September 1629 wurde er auf dem Blumberge zusammen mit Bestgen von Mühlenthal, Kleins Johann und dem dicken Rörich von Oberhövels bei lebendigem Leibe verbrannt.
Um die Wildenburg zogen Nebelschwaden, als Herr Hatzfeld seinem Schwager aus Crottorf bekannte: „Der Hexenwahn hauset allhier wie der Krieg!“
„Mehr noch“, entgegnete der Schwager, „er ist eine Pest. Wir sollten die Pest ausrotten und nicht die Menschen!“

Von Raubrittern,
Schelmen
und Falschmünzern

Auf Rosen gebettet

Selbstverständlich war ein Edelmann nicht immer edel und ein Ritter nicht immer ritterlich, vor allem, wenn er ein Raubritter war. Eine Edelfrau mag gar viel Dreck am Stecken gehabt haben, und ein freundlicher Bischof schaute nicht mehr so freundlich, wenn es um die Vermehrung seines Besitzes und seiner Macht ging. Dies wußten die Leute früher, und man erzählte sich darüber so manche Geschichte.

Auf Schloß Homburg, das wegen seiner dicken Mauern als uneinnehmbar galt, residierte einst Graf Werner. Der hatte in der Schlacht von Soest gegen den Erzbischof von Köln, Siegfried von Westerburg, gekämpft, und dieser schwor daraufhin dem Homburger Rache. Das Schloß zu stürmen, war jedoch aussichtslos. So ließ der Erzbischof den Grafen von bestochenen Rittern, die mit Werner verwandt waren, gefangennehmen. Sie hatten ein gutes Gewissen, denn der Erzbischof hatte gesagt: „Ich werde ihm nichts an seinem Gute kürzen, ihm nicht das Leben nehmen, ihm nicht einmal seine Haut ritzen."

Der Gefangene wurde in Bonn vor den Erzbischof gebracht und dann, höhnisch belacht, in eine Grube geworfen. Aber: Die Grube war mit Federn, Rosenblättern und Moos gepolstert und mit feinen Stoffen ausgelegt. Dann ließ Siegfried die Grube zumauern.

Als nun die Ritter den Erzbischof an sein Versprechen erinnerten, sagte dieser: „Was wollt Ihr? Ich habe geschworen, den Homburger weder zu töten noch ihm sein Eigen zu nehmen, noch ihm seine Haut zu ritzen. Den Rosenblättern sind die Dornen genommen; sie können ihn nicht blutig reißen. Wenn Ihr wollt, könnt Ihr ihn nach einigen Tagen aus seinem Kerker befreien, denn dann ist er für seine Missetat genug bestraft."

Ob die Verwandten dies getan haben, ist nicht anzunehmen. Fürchteten sie doch die Rache des Werner von Homburg. Außerdem konnten sie sich so über die Erbschaft hermachen.

Das Raubritternest

Im 13. Jahrhundert, in der „kaiserlosen, der schrecklichen Zeit“, herrschte das Faustrecht. Das Recht wurde gebrochen, keiner kehrte sich um mein und dein, um Gerechtigkeit und Sitte. Viele Ritter waren verarmt und so zu Raubrittern und Wegelagerern geworden. Sie brandschatzten, wo sie keine Habe fanden, und sie plünderten Kaufleute bis auf ihr letztes Hemd aus. Reiche Leute wurden gefangengenommen und freigelassen gegen Lösegeld. Wehe, wenn einer nicht ausgelöst werden konnte. Er mußte elendig verschmachten.
Unter dem ritterlichen Raubgesindel war der Herr von Bieberstein im Tale der Wiehl ein ganz verwegener. Mit seinen Spießgesellen verpraßte er die Beute der Raubzüge in seiner festen, als uneinnehmbar geltenden Burg. Der Graf von Homburg aber, der sich selber nicht sicher war vor seinem unheimlichen Nachbarn, ließ seine Mannen in einer Spätherbstnacht die Burg belagern. Die Raubritter aber schlugen jeden Angriff ab. „Laßt sie nur anstürmen, die feigen Homburger!“ hieß es. Doch einer von Biebersteins Männern bekam kalte Füße. „Gesellen, diesmal geht es uns an den Kragen!“ weissagte er. „Bald baumeln wir an einem Galgen!“. Außerdem schrien zur gleichen Zeit die Käuze und stimmten ein solches Konzert an, daß Bieberstein erzitterte.
Vor lauter Angst und Verzagtheit liefen nun einige aus dem Gefolge tatsächlich zu den Homburgern über. Sie öffneten ihnen sogar die Tore. Und so wurden etliche Raubritter vor das Homburger Gericht gestellt. Wie es heißt, wurde das Urteil mit „des Seilers Tochter“ vollstreckt.

Die listige Rittersfrau

Unweit der Ortschaft Lantenbach liegen auf einem niedrigen Bergkegel die Trümmer der Burg Zinne, welche zu den eigentümlichsten Burganlagen des Bergischen Landes gezählt werden muß. Das kleine, unregelmäßige Plateau, etwa 15 Meter lang und 10 Meter breit, zeigt nach allen Seiten spärliche Reste einer Ummauerung. Nach Süden, wo die Kuppe in den benachbarten Bergrücken übergeht, findet man noch Reste eines in den Fels eingesprengten künstlichen Grabens, und an der Nordseite gibt es Anzeichen eines Brunnens oder einer Zisterne. An dieser Wasserstelle mag die kluge Rittersfrau, von der gleich die Rede sein wird, so manches Mal gestanden haben.
Das Wort Burg stammt vom althochdeutschen „bergan“. Nicht alle Burgen im Bergischen Land waren unbedingt für einen langen Aufenthalt gedacht, sondern oft lediglich als Fliehburg geplant, weshalb häufig eine Wasserstelle fehlte. Über die technische Anlage einer solchen Burg heißt es: „Zuerst werden gerade Balken in ununterbrochener Ordnung der Länge nach in gleichen Entfernungen in den Boden gelegt und untereinander verklammert. Die Zwischenräume aber … mit großen Steinen an der Außenseite ausgefüllt. Eine solche Mauer ist dem Aussehen und ihrer Mannigfaltigkeit nach … für das Auge nicht häßlich und verschafft Schutz, denn durch die Steine ist sie gegen Feuer und durch das Holz gegen Mauerbrecher geschützt.“
Als im Dreißigjährigen Krieg die Schweden durch die Gegend zogen, sahen sie schon von weitem die Burg Zinne.
„Wir werden ihr einen Besuch abstatten und unsere Töpfe wieder auffüllen!“ mag der Anführer gerufen haben.
Die Burgbewohner verteidigten sich so gut wie möglich. Siedendes Öl und Pech sowie jede Menge Steinbrocken ließen sie auf die Angreifer herunterprasseln.
Der Burgherr dirigierte seine Mannen und überstand so manchen Angriff. Als die Angreifer schossen, stellte er sich ihnen in den Weg.
Zwar konnten sie zurückgedrängt werden, aber ein Geschoß traf den Burgherrn so, daß er schwerverletzt aufs Krankenlager mußte. Zum

Glück gab es eine Wasserstelle auf der Burg, denn ohne Wasser hätte die Verteidigung schnell aufgegeben werden müssen.
Jetzt hatte die Burgfrau das Kommando. Und sie hatte viel zu tun. Denn die Schweden, vom Hunger geplagt, griffen in den darauffolgenden Tagen immer wieder an. Ihnen gelang es schließlich, ein Brandgeschoß so anzubringen, daß ein Teil der Burg in Flammen aufging und somit eine Schneise für die Angreifer entstand.
Doch die Burgfrau gab sich immer noch nicht geschlagen. Sie bat den Kommandanten der Schweden um freien Abzug für sich und ihre Leute.
Der Schwede lachte. Er gestattete nur, daß sie sich selber in Sicherheit bringe.
„Kann ich denn ein Bündel packen, das ich mitnehmen kann?“ fragte die Frau.
„Pack soviel, wie du tragen kannst!“
Da begriff die kluge Frau ihre Chance. „Ganz sicher soviel, wie ich auf dem Rücken tragen kann?“
„Es ist dir zugesichert, ich sagte es doch!“
Sein Wort konnte der Kommandant nicht brechen. Auch nicht, als die Frau ihren Mann auf ihren Schultern aus der Burg hinaustrug und so vor den Flammen rettete. Mit sicherem Schritt strebte sie dem Tale zu und rettete durch ihren Mut sich und das Leben ihres Mannes.

L R.
PEUPIN

Schreckliche Zeiten

Nördlich vom Aggersee liegen drei Berge: der Rehberg, der Helberg und der Harkenberg. Früher soll es dort blühende Dörfer gegeben haben. Aber Plünderung und Räubereien während des Dreißigjährigen Krieges machten den Landstrich arm und reich an Not und Elend. Rückte ein Söldnerheer an, mußten die Menschen in die Wälder flüchten; denn wer ergriffen wurde, dem war der Tod gewiß.

Als sich die Soldaten endlich aus der Gegend entfernt hatten, kamen die Leute aus den Wäldern zurück und sahen oft nur noch die Trümmer ihrer Häuser. Zu allem Übel suchte sie nun auch noch die Pest heim. Von Tag zu Tag wütete diese Krankheit schlimmer. Die Überlebenden wußten nicht mehr, wohin mit den vielen Toten. Zuletzt lebte in jedem der drei Dörfer am Fuße der Berge nur noch ein einziger Mann.

Alle drei verließen aus Angst vor Ansteckung ihre Dörfer und begaben sich auf die Höhe des nächsten Berges. Dort hausten sie alleine. Und weil es ihnen wichtig war zu erfahren, ob die anderen auf ihren Bergen noch lebten, verständigten sie sich durch Feuerzeichen. Wenn der Wind aus günstiger Richtung wehte, konnten sie sich sogar Nachrichten zurufen. Erst nach vielen Monaten wagten sie es, sich zu besuchen. Und jetzt erst begriffen sie, daß sie die einzigen waren, die mit dem Leben davongekommen waren.

Der Hick von Lieberhausen

Komische Käuze hat es überall gegeben. Und Till Eulenspiegel soll nicht nur in Mölln gelebt haben. Seine Streiche mag er an vielen Orten getan und mit ihnen die Leute verblüfft haben. War es vielleicht in Solingen, wo er bei einem Bäckermeister in Kost und Logis lebte?

Als Till den Ratschlag seines Bäckermeisters, für den er Brötchen backen sollte, vernahm, hörte er genau hin:

„Nutze die Nacht und bereite das Backwerk vor!"

„Wie soll ich denn im Dunkeln meine Arbeit tun?"

„Siebe im Schein des Mondes!"

Eulenspiegel tat, wie ihm befohlen.

Als der Meister am frühen Morgen aufstand und Till bei seinem Handwerk beobachtete, wurde er fuchsteufelswild. Denn Till stand vor dem Haus und siebte das Mehl in den Schein des Mondes, der den Boden beleuchtete.

Schelme und merkwürdige Menschen gab es, das ist nun sicher verbürgt, auch im Bergischen Land. Einer der bekanntesten ist der „Hick von Lieberhausen".

Das oberbergische Land galt nie als Hochburg des Fortschritts. Und so ist es auch nicht verwunderlich, daß die Menschen dort früher alles bestaunten, was aus der Großstadt kam, zumal, wenn es sich um Köln handelte. Leider war eine Reise dorthin seinerzeit eine gewaltige Unternehmung. Und doch gab es ab und an Menschen, die sie wagten. Einer davon war der „Hick".

Noch heute findet sich seine Gestalt im Wappen des Dorfes Lieberhausen, das unweit der Aggertalsperre liegt. Aber lassen wir ihn doch selber berichten.

„Ich bin schon ein armer Wicht. Wie soll ein Mann im besten Mannesalter ohne Frau fünf unmündige Blagen aufziehen? Wer kocht, wer macht die Wäsche? Ich bin den ganzen Tag weg von zu Hause, manchmal auch über Nacht. Bin halt ein armer Tagelöhner. Aber was soll ich mich beklagen? Leb' ich denn nicht? Das ist doch schon ein Grund zur Freude. Wenn kein Brot da ist und die alte Kuh nur wenig Milch gibt, schütt ich halt Wasser zur Wassersuppe. Nur leider macht die nicht satt. Nachts weinen meine Kleinen und ich denke, ich muß es tun: Ich muß Sternblume schlachten, die arme Kuh."

Nachdem der Tagelöhner dies über sich gebracht, den Kindern eine kräftige Fleischsuppe gekocht und das restliche Fleisch gepökelt und in den Rauch gehängt hatte, nahm er die Kuhhaut und machte sich auf den Weg nach Köln, um die Haut gegen Bares einzutauschen. Die Kinder hatte er seinem Ältesten anvertraut. Und so ging er dahin – barfuß und nur mit der Kuhhaut bedeckt. Bald schon regnete es so, wie man es im Oberbergischen kennt: heftig und endlos. Da legte sich Hick die Haut, die Fleischseite nach außen, wie einen Mantel über, damit sein Kopf nicht naß würde. Aber ein Rabe bemerkte das blutige Fell und pickte gar heftig daran. Da sagte Hick zu sich: „Vielleicht ist mir das Tier noch einmal nütze! Ich werde es schnappen und in meinen blauen Kittel stecken. Der Weg ist recht weit, und ich werde einen Begleiter zu schätzen wissen."

Nach vierzehn Stunden kam Hick schließlich in Köln an. Er wurde das Fell auch los, aber es gab nur wenig Geld dafür. Traurig kehrte er in eine Schenke am Heumarkt ein, trank ein Glas Bier und aß dazu ein Butterbrot. In einer dunklen Ecke hockend, sah er, wie die hübsche Wirtin mit einem jungen Mann sehr freundschaftlich und herzlich umging. Sie trieben es gar arg und ergötzten sich zudem noch an einem Schinken, den die gute Frau aber eiligst in einen Holzkasten warf, als sie durchs Fenster Stimmen vernahm. Ihr Mann kam heim. „Unter die Treppe!" rief sie ihrem Galan zu. Schnell brachte sie noch den Wein, von dem sie sich genommen hatten, in die Schlafkammer und legte die Flasche ins Bett. Mit hochrotem Kopf empfing die Wirtin dann ihren Mann, der Böses ahnte und schließlich auch den Lieberhausener bemerkte, der da in der Ecke saß, zusammen mit seiner Krähe.

„Was soll das denn für ein Vogel sein. Ein Galgenvogel?" stieß der Wirt beim Anblick des mit einem Flickenkittel bekleideten Landmannes spöttisch aus, auf dessen Knie der Rabe saß.

„Weit gefehlt, guter Mann, es ist ein Vogel, der die Wahrheit voraussagen kann."

„Zeig er's mir!" bollerte der Wirt und schüttete Hick einen Schnaps ein. Der schlaue Bauer aus dem Oberbergischen kniff den Raben in den Schwanz. „Kra – kra" schrie der. „Er hat gesagt", raunzte Hick geheim-

nisvoll, „im Bett in der Kammer findet man eine Flasche Wein, die schon geöffnet war!“
Der Wirt ging daraufhin in die Kammer und fand vor, was ihm gesagt worden war. Er schüttete Hicks’ Glas erneut voll.
„Mach er weiter!“
„Kra – kra – kra!“ schrie der Rabe daraufhin und Hick sagte: „ Das heißt wohl, im Kasten liegt ein herzhaft duftender Schinken!“
Der Wirt blickte mit großen Augen auf den Schinken. „Weiter!“ rief er und ließ die Schnapsflasche jetzt auf dem gescheuerten Holztisch stehen.
„Mein Vogel ist gar müde von der Reise, ich darf ihn nicht allzusehr plagen!“
Der Wirt aber warf das gesamte Geld, das er in der Tasche trug, auf den Tisch.
„Ich sehe alleine silberne Münzen, mein Vogel mag aber den Schein von goldenen Münzen!“
Widerwillig holte der Wirt zwei Goldstücke aus einer Truhe.
„Kra – kra – kra – kra!“ hörte er den Raben rufen, als Hick ihn wieder gekniffen hatte. „Und was heißt das?“
„Das heißt: Während Herr Wirt aus dem Hause war, hat sich ein Nebenbuhler eingeschlichen, und der sitzt nun unter der Treppe!“
Der Wirt zog den Liebhaber hervor und verdrosch ihn so sehr, daß selbst Hick erschrak. Ihn aber wollte der Wirt nicht mit seinem Vogel ziehen lassen. „Verkauf ihn mir, er kann mir wahrlich eine große Hilfe sein!“
Hick handelte drei Goldstücke heraus, und der Wirt sperrte den scheinbar klugen Vogel in seine Besenkammer ein. „Er wird mir noch gute Dienste tun!“ dachte er.
So war Hick zum reichsten Mann von Lieberhausen geworden, und die Bauern, die ihn zeitlebens verspottet hatten, fragten nach dem Grund dieses Geldsegens.
„Das ist der Lohn für eine Kuhhaut!“ log Hick.
Die gutgläubigen Bauern schlachteten nun, so rasch sie konnten, ihre Rinder und brachten die Häute nach Köln. Doch sie erhielten dort weit weniger als in Gummersbach. Hick aber bekam den ganzen Haß der Bauern zu spüren und mußte sich vor ihren Dreschflegeln und Heugabeln in Sicherheit bringen.

Aber Rachsucht lebt lange. Die Bauern ließen heimlich ein großes Faß anfertigen, in dem Hick nach Köln „getrummelt“ werden sollte. Sie faßten ihn, während er gerade mit seinen Kindern bei einer Fleischmahlzeit saß, und sperrten ihn in das runde Holzgefängnis. Dann stießen sie ihn den Berg hinab, und er rollte das Aggertal hinunter.
Schon bald war der Rhein nicht weit, und die Bauern verweilten in einem Wirtshaus. Hick war es sehr eng, und seine Sinne waren durch das Rollen gar arg verdreht. Dennoch besann er sich darauf, daß er sich retten mußte, noch ehe die Zecher zurückgekehrt waren. Also sang er:
„Ek steck in einem Fasse drin
bin voller Überdruß
ek soll de Kölner Bischop sin
Un häwwe keine Lust.“
Dies hörte ein Hirte, der mit seiner Herde vorüberkam. Und weil der Mucher Schafstreiber noch hinterwäldlerischer war als die Lieberhausener Bauern, ging er gleich auf dieses Lied ein. „Du möchtest kein Bischop sin. Aber ich!“
„Dann tauschen wir. Lasse er mich nur aus dem Fasse!“
So geschah es, und der Hirt öffnete in Erwartung festlich gedeckter Tafeln in Köln das Faß und setzte sich hinein. Sogar seine Schafe bot er Hick zum Tausche an. Der ließ sich diesen Handel natürlich gern gefallen und trieb die Herde fröhlich pfeifend die Berge hinauf nach Lieberhausen.
Ganz überrascht waren die zurückkehrenden Bauern, als sie den Tagelöhner zu Hause antrafen, außerdem reicher als zuvor. Woher er die Schafe habe?
„Die habe ich im Rhein gefangen, als ihr mich dort hineingestoßen habt. Dort sind ihrer noch genug für ganz Lieberhausen. Ihr müßt es bloß richtig anstellen!“
Wieder zog eine Karawane Richtung Köln, und die Bauern nahmen selbst ihre heranwachsenden Söhne mit, damit sie beim Einfangen helfen konnten. Der Hick ging dem Zuge voran, und wohlweislich hatte er auch sein Schafe mitgenommen. Seine Landsleute aber waren nur voller Gier.
Wie die Schar nun das Rheinufer erreichte, suchte sich Hick eine besonders steile Stelle aus. Dorthin ans Ufer trieb er seine Schafe, damit sie sich im Wasser des Flusses spiegelten.

„Dort seht ihr die Schafe!“ rief er zu seinen Bauern. „Einer von euch muß nun hineinspringen und untertauchen, um genau zu sehen, wo die Schafe zu finden sind. Sobald er die Herde entdeckt hat, reckt er als Zeichen beide Hände in die Höhe. Dann müßt ihr gleich allesamt nachspringen!“

Ganz gierig und beflissen nickten die Lieberhausener und hielten sich zum Sprung bereit. Der Geizigste von ihnen war sofort gewillt, zuerst zu springen; denn dann, so glaubte er, bekäme er das meiste ab. Tatsächlich hatte er wohl bald die Stelle mit den Schafen gefunden, denn er ruderte gar mächtig mit seinen Händen, und die anderen riefen: „Nun ist's Zeit! Laßt uns springen!“

Allerdings waren es die letzten Sprünge dieser einfältigen Menschen, und allein Hick ging mit seinen Schafen nach Hause. Dort traf er etliche schöne Witwen an.

Weil die Dummheit nun im Rhein steckte, haben die Lieberhausener, so sagt man, alle etwas vom Hick mitbekommen: die Pfiffigkeit, den versteckten Humor und die Entschlossenheit, Dinge anzupacken, die andere liegenlassen.

Unser Hick sagt das so: „Man muß sich nur zu helfen wissen!“

Von Schafdieben und Grenzsteinversetzern

Um das eigene Überleben und das von Frau und Kindern zu sichern, wurden manche Männer zu Verbrechern. Der Hunger war der treueste Begleiter vieler Menschen der früheren Zeiten. Und selbst vor dem Nachbarn und dem Pfarrer wurde nicht haltgemacht, wenn es darum ging, etwas „locker zu machen". So drangen z. B. in Eckenhagen Konfirmanden in das Pfarrhaus ein. Sie hatten sich zur Tarnung die Gesichter mit Ruß schwarz gemacht.
Aber immer wieder wird auch berichtet, daß die Täter auf ihren Sitzen festgebannt wurden – mit Zaubersprüchen oder Bibelzitaten. Ein Schmiedegeselle aus Elsenroth verstand diese Kunst, mit einem Spruch einen Dieb festzusetzen, so daß er sich nicht mehr von der Stelle rühren konnte. Der Geselle wanderte durch das Bergische Land und arbeitete einmal bei einem Meister, dem des öfteren auf dem Felde Hafergarben gestohlen wurden. Eines Nachts gingen der Meister und sein Geselle auf den Acker, wo sie dann auch einen Haferdieb auf frischer Tat erwischten. Der aber wurde durch den Zauber des Gesellen so festgebannt, daß er die ganze Nacht in geduckter Stellung ausharren mußte.
Einmal hatten sich Burschen aufgemacht, einen Schäfer zu ärgern. Ein langer Kerl packte sich eines der Schafe, schwang es sich auf den Nacken und wollte sich mit seiner Beute aus dem Staube machen. Das Gelächter und Gekicher seiner Freunde begleitete ihn.
Aber siehe da! Mit einem Male stand der Lange fest wie ein Baum. Seine Beine konnten nicht mehr vorwärts und nicht mehr rückwärts. Er wollte sich bücken, um das Schaf abzulegen, aber sein Rücken war steif. Den Freunden verging das Lachen.
Danach liefen sie zum Schäfer. „Ihr habt gut getan, daß ihr gekommen seid!" sagte der. „Wenn die ersten Strahlen der Sonne den Festgebannten getroffen hätten, wäre es mit ihm vorbei gewesen. Nun schafft mir schnell einen schweren Eisenhammer her, damit ich helfen kann!"
Mit dem Hammer schlug er dann dreimal auf den Radring seiner Schäferkarre, daß es weithin hallte, und sagte dann erleichtert: „So, ihr jungen Vorwitze, nun könnt ihr von Glück sagen. Wenn nämlich zur glei-

chen Zeit ein anderer auf einen Ring geklopft hätte, wäre i c h festgebannt gewesen."

Das machte die jungen Leute so nachdenklich, daß sie es vielen Leuten weitererzählten. Von Schafdieben hört man heute nicht mehr so viel. Von Grenzsteinversetzern schon eher.

Es gibt landhungrige und habgierige Bauern, die beim Pflügen ihres Ackers eine kleine Grenzkorrektur vornehmen, indem sie die Grenzsteine versetzen. Andere tun dies bei dunkler Nacht, um nicht entdeckt zu werden. Diese aber müssen, so heißt es, nach ihrem Tode spuken gehen. Nachts fahren sie wie ein Gespenst durch die Luft, schleppen einen glühenden Grenzstein im Arme und rufen mit kläglicher Stimme: „Wo soll ich mit dem Grenzstein hin?"

Bei einem soll es Wunder gewirkt haben, als er hörte: „Wo du ihn hergenommen hast!" So einfach war die Lösung.

Das Tal der Gesetzlosen

An der Grenze zwischen dem Rheinland und Westfalen bei Marienheide liegt das Dörfchen Wilbringhausen. Die alte Provinzgrenze durchschneidet den Ort. In diesem Niemandsland hatten sich immer wieder einmal Räuberbanden gebildet. Sie galten als Schrecken der ganzen Gegend. Kein Mensch war vor ihnen sicher.
Eine von ihnen, man nannte sie die Bande aus „dem Tal der Gesetzlosen", tat sich durch Diebstahl, Jagdfrevel, Erpressung und sogar Münzfälschung hervor. Die Polizei auf beiden Seiten der Grenze fühlte sich gegen sie machtlos.
Der Anführer der Bande stahl einst einem reichen Jäger aus Lüdenscheid ein kostbares, mit Silber beschlagenes Jagdgewehr. Und er trug dieses Erbstück bei seinen Raubzügen offen zur Schau. Der Bestohlene wurde darüber so wütend, daß er den Vorfall der Obrigkeit meldete. Was dazu führte, daß eine Anzahl Landjäger das Dorf Wilbringhausen umzingelte und die 25köpfige Räuberbande tatsächlich aushob. Der Anführer wollte aber nicht in die Hände des Scharfrichters fallen und jagte sich mit einem mit Wasser geladenen Gewehr einen Schuß in den Mund, daß der Kopf auseinanderflog.
In einer hohen Linde fand man die Falschmünzerwerkzeuge der Bande. Und hinter einer Ofenplatte in einem Wandloch auch noch die falschen Taler. Sie waren aus Blei und nicht aus Silber.

Von „heiligen“ Männern
und Zeitdieben

HB

Von Sodom nach Gomorrha

Ein Vierteljahrtausend müssen wir die Zeit zurückdrehen und uns ins Tal der Wupper und auf die angrenzenden Höhenzüge bei Elberfeld versetzen. Das ist der Schauplatz dieser ganz unwahrscheinlichen und doch wahren Geschichte, die damals die Gemüter vieler geachteter und ernsthafter Menschen zutiefst erregt und ergriffen hat. Ihr Thema ist religiös; doch spielen auch höchst weltliche und eigennützige Motive tragende Rollen, wie Machtstreben, Eifersucht und persönliche Unduldsamkeit.

Noch Jahrzehnte später könnte unsere Geschichte Stoff für den Gedankenaustausch zweier prominenter Freunde geboten haben, von denen einer zur Ikone des deutschen Geisteslebens avancierte.

Im Jahre 1774 besuchte Johann Wolfgang Goethe in Elberfeld seinen Studienkollegen Johann Heinrich Jung, genannt Stilling. Mit seinen 24 Jahren war Goethe damals schon recht populär und genoß die Verehrung seiner zahlreichen Lesergemeinde. Bei diesem Besuch steckte er Jung-Stillings erstes Buchmanuskript ein und sorgte dafür, daß es später von einem Verlag gedruckt wurde. Überhaupt ermunterte Goethe Jung-Stilling zum Schreiben.

Auch hatte der Dichterfürst einen Blick für das Wesentliche, für die Nachricht. Und so verwundert es uns nicht, daß er über die Weber im Wuppertal schrieb: „Die Weber sind von jeher als ein abstrus religiöses Volk bekannt … Der Prediger scheint das Seelenbedürfnis seiner Gemeinde dadurch befriedigen zu wollen, daß er ihren Zustand behaglich, ihre Mängel erträglich darstellt, auch die Hoffnung auf ein gegenwärtiges und künftiges Gutes zu beleben gedenkt. Das scheint der Zweck seiner Predigten zu sein. Man könnte deshalb diese Vorträge narkotische Predigten nennen; welche sich denn freilich am klaren Tage, dessen sich das mittlere Deutschland erfreut, höchst verwunderlich ausnehmen."

Ein bemerkenswert deutliches Urteil. Und doch weilte der Dichter nur einmal im Tal der Wupper. Hat ihm dort jemand über die seltsamen Ereignisse daselbst erzählt? War es Jung-Stilling, der ihn abends zu einer Flasche Wein einlud?

„Stilling, Jugendfreund“, hätte Goethe das Gespräch anfangen können, während er im bequemen Lehnstuhl behaglich die Beine ausstreckte. Nun ja – nehmen wir einmal an, es war so.
„Stilling, Jugendfreund, beim Wein im Straßburger Ratskeller hast du einmal groß getan mit Sprüchen über das Leben in diesem schwärmerischen Jerusalem oder Zion, wie du es nanntest. Einer Gemeinschaft von Auserwählten hast du angehört und pflegtest nach deinem Belieben Umgang mit ihnen. Du wolltest darüber gelegentlich Bericht erstatten. Was ist mit der Zeit nun daraus geworden? Bist du weiter gekommen?“
„Lieber Studienfreund, ich habe viele Notizen gesammelt und etliches auch in Sätzen und Kapiteln niedergelegt. Alleine mir will nicht die Feder fließen wie dir über solche Ungeheuerlichkeiten, die damals von den Erweckten, den Menschen des angeblich wahren Glaubens ausgingen.“
„Was war daran so sonderlich? Ich kannte dich stets als frommen Menschen, wenn ich auch deine Ansichten nicht teile.“
„Hier bei uns hatten die Eiferer leichtes Spiel, und ich selbst bin den Schwärmern verfallen gewesen. Doch heute weiß ich es besser. Ich habe selbst den Pfarrer Wülfing über die Worte ‚Und es wird kein Tod mehr sein‘ herrlich predigen gehört. Sein Vortrag war hinreißend und die Rede sehr erbaulich. Sein öffentlicher Wandel war ohne Tadel; dennoch war er einer der größten Verbrecher, die je gelebt haben. Seine Lebensgeschichte würde Schrecken und Abscheu erregen.“
„Nun aber mal langsam, lieber Freund. Dem Anfang deiner Geschichte darfst du nicht gleich deren Wertung vorausschicken, sondern mußt erst einmal den Aufriß sorgsam gestalten. Was hat dich denn an diesen Schwärmern so abgestoßen?“
„Das Wort, Goethe. Das Wort. Man nannte etwas heilig, und es war doch grob verdorben.“
„Das Wort? Das Wort ist keusch und unbefleckt. Alleine wer es verwendet, der gibt dem Wort die Richtung.“
„Das Wort Sünde wurde kurzerhand gestrichen bei den Schwärmern. Man hielt häufig sogenannte Liebesmahle. Auch diese waren anfangs ehrbar und christlich fröhlich; und weil man nicht mehr sündigen konnte, so erlaubte man sich nach und nach immer etwas mehr. Und da beiderlei Geschlechter brüderlich und schwesterlich vertraut miteinander

umgingen, so – nun ja, du kannst dir denken, was ich meine. Der abscheuliche Prediger …"
„Ich nehme an, dieser Wülfing."
„… trieb die Ungezogenheit so weit, daß er – selbst taumelnd vom übermäßigen Weingenuß – seiner trunkenen Gesellschaft das Abendmahl folgendermaßen austeilte: Er stieg nach der Mahlzeit auf den Tisch, stand in der Mitte, nahm dann ein Brot, brach ein Stück nach dem andern ab und warf es den Gästen nach dem Mund. Die Kinder pflegte er in der Küche am Waschstein ohne weitere Umstände zu taufen. Endlich kam die Obrigkeit hinter all diese Greuel, und so nahm es natürlich ein schreckliches Ende – nach 20 Jahren!"
„Was du nicht sagst, Stilling. Wie konnte sich solches zutragen in eurem Wuppertale? Hatte dieser Wülfing eine so starke Ausstrahlung oder bewirkten es seine Predigten?"
„Die starke Ausstrahlung hatte vor allen Dingen Eller. Seine Geschichte habe ich hier in diesem Büchlein aufgeschrieben. Aber höre, mein Freund, ich will dir alles erzählen.
Elias Eller stammte von einem Bauernhof auf den Wupperhöhen,wo er 1690 geboren wurde. Sein ältester Bruder sollte den Hof erben, und daher erlernte Elias, wie es in dieser Gegend allgemein üblich war, das Garnspinnen und Bandwirken. Er hatte, wie viele seiner Zeit- und Berufsgenossen, einen ausgeprägten Hang zur religiösen Schwärmerei. Nun wohnte eine reiche Fabrikantenwitwe zu Elberfeld, Katharina Bolckhaus mit Namen. Sie besaß eine Florettbandfabrik, in welcher Elias Eller als Werkmeister arbeitete. Zu dieser Zeit zogen häufig Sektenprediger durchs Land, die den Menschen den baldigen Anbruch des Tausendjährigen Reiches der Glückseligkeit auf Erden verkündeten. In anschaulicher Weise malten sie die Herrlichkeiten des zukünftigen Lebens aus, wo es weder Hunger noch Durst, weder Ängste noch Schrecknisse, keine Mühsal und keine Plage mehr geben würde. Einer der talentiertesten Wanderprediger auf diesem Gebiet war Reichsgraf Hochmann von Hohenau. Zu ihm pilgerte eine große Menschenmenge, als er 1711 auf dem Ochsenkamp vor den Toren Elberfelds eine seiner Erweckungspredigten hielt. Den Zuhörern seiner Predigten war es, als würden sie in die Wolken emporgehoben und der Morgen heiliger Ewigkeit bräche herein.

Katharina Bolckhaus gehörte auch zu den Ergriffenen. Im Anschluß an diese Predigt auf dem Ochsenkamp ließ sie in ihrem Hause Konventikel abhalten, das sind geheime religiöse Hausversammlungen. Auch ihr Werkmeister Elias Eller gehörte zu den Besuchern dieser schwärmerischen Versammlungen, und bald waren die beiden ein Paar. Selbst bereits 42 Jahre alt, heiratete Katharina Bolckhaus 1712 den 22jährigen Eller. Der hatte eine gute Partie gemacht."
„Erbschleicherei!" stellt Goethe knapp fest. „Hatte die Frau Kinder aus erster Ehe?"
„Ja, drei Söhne. Der älteste war Medizinalrath am preußischen Hof und stand den Ministern Friedrichs des Großen nahe. Jakob und Johann aber wohnten in Elberfeld und lernten ihren Stiefvater ehren, sie waren seine treuesten Diener und Anhänger. Geschwister bekamen sie keine mehr. Dann kam Anna, die Erleuchtete, in den Haushalt als Näherin oder vielleicht auch als Pflegerin für die kränkliche Frau Eller; Anna vom Büchel, ihres Zeichens Bäckerstochter. Sie hätte dir auch gefallen, lieber Goethe – hinreißend schön und leidenschaftlich schwärmend."
„Mag sein, Stilling, aber sage mir: Wie kam es, daß so viele Menschen an die baldige Hereinkunft des Tausendjährigen Reiches glaubten?"
„Das war wegen eines gewissen Dr. Horch. Der hatte nach der mystischen Marburger Bibel den Anfang der herrlichen, philadelphischen Kirche – der Kirche der Brüder – für das Jahr 1735 vorausgesagt. Von da an, so hieß es, solle die Zeit der Herrlichkeit tausend Jahre lang währen."
„Und wie kam dieser Horch dazu?"
„Die Zahlen hatte er aus der Bibel. Nach einem bestimmten Schlüssel errechnete er, daß im Jahre 1735 der Messias erscheinen würde. Deshalb hatten es manche Leute eilig mit der Erweckung und wollten dafür sorgen, daß alle Prophezeiungen erfüllt wurden. Ich sage es mal so: Eller konnte mit der Fabrikantenwitwe keinen Messias mehr zeugen, also wandte er sich der schönen Anna zu."
„Wie naheliegend!" spottet Goethe.
„Auch deshalb", führt Stilling weiter aus, „weil Anna erstaunliche Dinge zu sprechen vermochte. Sie hatte Erscheinungen, ihr Angesicht verklärte sich, und sie weissagte die Ankunft eines himmlischen Zeichens in Menschengestalt – eben des Messias. Die Erscheinungen dieser jungen Frau wurden von den religiösen Schwärmern in Elberfeld sehr ernst

genommen. Suchten sie doch immer einen Grund, ihrem Glauben ein stärkeres Fundament zu geben. Und dann nahm die Sache ihren Lauf. Ich lese mal, wenn du gestattest, aus meinem Manuskript vor:
‚Nun fing Satan an, das wohlgeschmückte und für ihn ausgeräumte Haus zu beziehen: Die Fabrikantenfrau war bisher eine getreue Anhängerin ihres Mannes gewesen; nun aber, da die Anna auftrat, besonders da ihr junger Mann das bildschöne Mädchen über alles erhob, auch die Anna mehr als freundlich gegen ihren Mann war, so fing die Eifersucht an, in dem Herzen der alten Frau zu wüten; sie erklärte die sogenannten Gottessprachen der jungen Frau für Betrügerei und sträubte sich mit aller Gewalt gegen die Versammlungen; sie bedrohte ihren Mann, kurzum, sie protestierte gegen alles, aber es half nichts, besonders da ihre beiden Söhne ihrem Stiefvater anhingen.'"
„Und wie ging es mit der armen Frau weiter?" will Goethe wissen.
„Das kann ich dir sagen. Während sich Anna als Zionsmutter und Himmelskönigin Esther verehren ließ, verhöhnten und beschimpften Eller und sein Anhang die erste Frau Eller als Kröte Vasthi und als leibhaftigen Teufel. Sie wurde regelrecht in den Wahnsinn getrieben. Eller hielt sie bis zu ihrem Lebensende in einer Kammer eingesperrt. In geistiger Umnachtung ist sie am 11. August 1733 gestorben, begleitet von den schlimmsten Verwünschungen ihrer leiblichen Söhne sowie Ellers und seiner Anhänger."
„Wahlverwandtschaften!" sagt Goethe nur kurz.
Einen Augenblick ist Stille. Beide schauen sinnend in ihr Weinglas. Auf einmal ist es ihnen, als materialisiere sich beim Kamin eine bleiche Frauengestalt. In Mode und Erscheinung erweckt sie einen altertümlichen und verwahrlosten Eindruck. Gleichwohl scheint es sich um eine Frau von Stand zu handeln. Ihr Haar ist zerzaust und ihr Gesicht wutverzerrt. Sie beginnt, auf die beiden Freunde einzureden:
„Ja, ja, der heilige Elias, der feurige Elias. Haben hat er sie wollen, dieses Nähmädchen mit ihren prallen Brüsten, ihren festen Schenkeln. Ich hatte ausgedient. Seine Leidenschaft zu mir war schon lange vorher erkaltet. Sein Ziel bei mir hatte er ja erreicht. Er war Prinzipal in der Fabrik, konnte schalten und walten, wie er wollte. Aus dem Staub hab' ich ihn erhoben, habe an seinen Lippen gehangen, wie er so schön erzählt hat vom jüngsten Tage und vom Tausendjährigen Reich der Herrlichkeit auf Erden. Keiner wird älter, alle bleiben für immer schön und jung.

Schon damals auf dem Ochsenkamp, als der Wanderprediger Hochmann von Hohenau so wunderbar predigte, da hat er meine Hand ganz zart berührt, ja sogar eine Weile in seiner gehalten. Ach, er hat dazu beigetragen, zu diesem zauberhaften, leichten, glückseligen Gefühl, das mich dort ergriffen hatte. Aber kaum hatte er mich ganz, war er schon der Herr im Haus. Bald kam dann dieses unsägliche Nähmädchen in unseren Haushalt. Anfänglich hat sie auch mich umgarnt, wollte mich gewogen machen. Doch ich kam bald hinter das Komplott, welches da gegen mich geschmiedet wurde. Gesichte, Inspirationen! Daß ich nicht lache! In sein Bett wollte sie, an seine Brust, diese abscheuliche Hure. Zu diesem Zweck hat sie schmählich den Namen Gottes mißbraucht. Und er? Er, den ich so hoch erhoben, Elias, an dem mein Herz hing? Ja, ich behaupte, obwohl er mich schändlich behandelte und als Hexe traktierte, mein Herz hängt immer noch an ihm. Nur sie hasse ich mit aller Kraft. Und ich habe Kraft. Mögen sie mich auch als Kröte beschimpfen und als Hure des Teufels verunglimpfen. Mögen sie mich auch einsperren in eine enge, finstere Kammer Jahr um Jahr mit keiner anderen Gesellschaft als Spinnen und Mäusen, mit keiner Unterhaltung als meiner eigenen, so habe ich doch immer noch Kraft. Und ich werde die Kröte werden, zu der ihr mich gemacht habt. Der Herr wird mich noch einmal erhören und mir die Kraft geben, diese schleimige Hexe zu vernichten. Erst ihre Brut, diese kriechende Ausgeburt der Hölle, die sie emporheben und als Messias verehren. Aber sie kommt auch noch dran! Als Himmelskönigin Esther läßt sie sich verehren. Sie wird sich noch winden in ihrem eigenen Erbrochenen! Dann wird der Hahn des jüngsten Gerichtes krähen, und neben dem Richter werde sitzen ICH. Dann wird sie gewogen und zu leicht befunden und wird auf ewig verdammt werden. Und dann wird er kommen, Elias, und er wird mich anflehen und betteln, daß er auch erhoben werde gleich mir. Aber ich werde sagen – zu spät, Elias, deine Reue kommt zu spät. Du entgehst der ewigen Verdammnis nicht. Und ich werde ihn zur Hölle fahren lassen. Das wird mein Triumph sein!"
Ein heiseres Krächzen, das Bild erstirbt. Die Truggestalt löst sich auf.
„Mensch, Stilling, was war das? Habe ich das wirklich vernommen oder hast du mir allzu anschaulich vom Leid dieser armen Frau berichtet, der wahrlich übel mitgespielt wurde?"

„Ein Geist scheint diese fromme Hütte heimgesucht zu haben. Oder war es nur der Weingeist, der schon beginnt, unsere Hirne zu vernebeln?"
„Gleichwohl, Stilling, wir wollen uns fassen und die Spukgesichte vertreiben. Es gibt sicherlich noch mehr Ungeheuerlichkeiten zu berichten. Fahre der Reihe nach in deiner Erzählung fort."
„Eines Tages im Jahre 1726 verkündete Anna vom Büchel, sie und Eller seien dazu ausersehen, das neue Zion zu errichten und den Auserwählten den neuen Messias zu schenken. Das war Anlaß für ihn, Anna zu sich ins Bett und an den Tisch zu holen, obwohl die erste Frau noch acht Jahre im häuslichen Gefängnis lebte. Überhaupt Bett und Tisch. In der Umgebung nannte man sie nur ‚die Freßfienen', die Freßfeinen – denn gegessen und getrunken wurde reichlich. Sünde gab es für sie ja nicht mehr. Die Gemeinde trug diesen Zustand, der bei anderen nicht geduldet worden wäre, mit, war ihm doch der Mantel göttlicher Offenbarung umgehängt. Allen leuchtete es ein, daß die Zionsmutter, die behauptete, direkten Kontakt zu Gott zu haben, und Elias, der sich selbst als Wiedergeburt der Gottheit bezeichnete, miteinander in engem Verhältnis leben mußten. Eller erkannte auch sehr bald die Möglichkeit, mit Hilfe von Annas Offenbarungen seine Anhängerschaft nach seinem Willen zu lenken. Er wies Anna an, daß sie mit keinem anderen frommen Menschen fortan umgehen und niemandem erzählen solle, was zu ihr geredet würde. Er konnte also ihre Botschaften so hinbiegen, wie es ihm paßte. Selbst anerkannte Theologen fielen auf die Inszenierung herein."
„Solchen Regisseur wünschte ich mir für meine Dramen!" sagt Goethe lachend. „Alleine: An Publikum mag es dem frommen Manne wohl gefehlt haben."
„Aber ganz und gar nicht. Er hatte eine große Anhängerschaft in Elberfeld. Während der Gottesdienstzeiten ließ er sogar die Wirtshäuser daraufhin kontrollieren, ob sich eines seiner Schäfchen dorthin verirrt hätte.
„Genial, dieser Eller." Goethe nickt und nimmt einen tiefen Schluck. „Stilling, das ist der Aufhänger für deine Geschichte: Die Beseitigung der Sünde."
„Ja, sündigen konnten von nun an nur noch die anderen. Elberfeld – es verfällt, hieß es; und man wetterte in den Kreisen der Erweckten gegen das Sündenbabel. Anna, die Erleuchtete, weissagte sogar, daß Elberfeld

bald vom Herrn gestraft und in Schutt und Asche gelegt werden würde. Bald schon zogen 50 angesehene Familien mit ihrem Hausstand aus dem sündhaften Tal auf die Höhe nach Ronsdorf hinauf, wo Eller als Bauernsohn geboren worden war. Dort bauten die Zioniten ihre eigene Stadt."

„Gomorrha!" sagt Goethe kurz. Und Stilling stutzt. „Ich sagte doch, Ronsdorf war der Name."

„Gomorrha. Von Sodom nach Gomorrha. Stilling, das ist d e r Titel für dein Buch. Da greifen die Leute zu. Und bei allem, was ich schon jetzt von dir über diesen Eller weiß, wird es auf den Höhen über der Wupper auch nicht immer sittlich-tugendsam zugegangen sein."

„Zunächst schon. Die Siedler hatten ihren Auszug aus Elberfeld spektakulär vorbereitet. Aus anderen Städten folgten ihnen Schwärmer nach. Bis zu 1000 Menschen sollen in Ronsdorf diesem falschen Propheten angehangen haben. Sympathisanten von überall schickten reichlich Geld."

„Aber da war doch noch dieser angekündigte Messias."

„Tatsächlich wurde den beiden ein Sohn geboren. Sogar frühzeitig, ein halbes Jahr vor dem vorausgesagten Jahre 1735. Angeblich verlief die Zeugung ohne Zutun des Mannes, und das mit der Sonne bekleidete Weib, so hieß es, hatte eine schmerzlose Geburt."

„Irgendwie kommt mir das bekannt vor!" wendet Goethe ein. „Unsterblich war der sicher auch."

„Angeblich ja. Aber der Zustand währte nicht lange. Denn der Sohn mit Namen Benjamin starb schon bald. Natürlich fand man rasch einen Schuldigen. Es war Ellers erste Frau, die von diesem Wülfing, den ich Verbrecher nenne, noch Jahre später verdammt wurde. Warte, ich habe es doch notiert:

‚Die alte Schlange, die da ist der Teufel und Satanos, ging dem Weibe, das mit der Sonne bekleidet war, hin und wieder auf den Fersen nach, und es gelang ihm auch, einige der Erstlinge von ihrer Krone zu reißen‘."

„Diese Anna war sicher nicht nur mit der Sonne bekleidet?"

„O nein, in fürstlichem, hellblauem Gewande wurde sie gleich einer Königin in die Kirche getragen. Mit Sternen war das Kleid besetzt und die Sänfte mit silbernen und goldenen Blumen. Neben der Kanzel war

ein Thron errichtet, und die Gläubigen verneigten sich vor dem heiligen Paar und knieten nieder."
„Die Calvinisten hatten sicher ihre Schwierigkeiten mit dieser Art von Verehrung!" wirft Goethe ein.
„Die wollten mit den Ronsdorfern nichts zu tun haben. Das war klar. Aber die Ellerianer trieben es auch auf die Spitze. Die beiden hatten noch zwei Töchter. Sarah trug den Beinamen ‚die Fürstin', die andere, Rahel, wurde ‚das Mutterschaf' benannt. Sie standen an Stelle des gestorbenen Bruders als Erleuchtete, als Heilsbringer der künftigen Zeit. Das Fürstenpaar beherrschte und kontrollierte alles und jeden. Als Ronsdorf 1745 die Stadtrechte und eine eigene Gerichtsbarkeit erhielt, wurde Elias Eller der erste Bürgermeister. Nun hatte er neben der geistlichen Macht, die er über jeden in der Gemeinde ausübte, auch noch die weltliche. Richter war er natürlich auch. Zwei Jahre vorher gab es jedoch ein wahrlich verhängnisvolles Liebesmahl."
„Erzähl! Wurde gefressen und gehurt?"
„Nichts dergleichen. Oder doch? Es war der 13. November. Draußen heulte der Herbststurm und peitschte den Bäumen das letzte Laub von den Zweigen. Etwa 40 bis 50 Auserwählte nahmen an dem Liebesmahl bei der Familie Bosselmann teil. Alles schien fröhlich und ausgelassen. Der Wein färbte einigen schon die Wangen, und hier und da riß man bereits die ersten Zoten. Plötzlich wurde die Zionsmutter ganz weiß im Gesicht und sank zu Boden. Vielleicht war ihr eine Fischgräte im Halse steckengeblieben, vielleicht hatte der Wein seinen Hadesbruder im Gefolge, vielleicht war die häufige Verzückung über ihre Kräfte gegangen oder gar ein Gift im Wein aufgelöst worden. Keiner wußte dies später zu ergründen. Jedenfalls begann ein großes Wehklagen. Rasch wurde Anna nach Hause und ins Bett geschafft. Doch kein Arzt konnte ihr mehr helfen. Gegen drei Uhr morgens verschied die Unsterbliche. Für die Ronsdorf-Bewegung war das natürlich ein herber Schlag und hätte das Aus für die ganze Gemeinde bedeuten können. Ein Scherz war das jedenfalls nicht gewesen."
„Es ist niemals ratsam, mit Frauen zu scherzen. Denn das Naturell der Frauen ist der Kunst so nah. Gab es denn Indizien? Du willst doch eine Criminalgeschichte schreiben!"
„Was soll ich sagen? Hinweise! Indizien! Etwas Hieb- und Stichfestes kam nicht heraus. War es verdächtig, daß dieses Unglück gerade in Bos-

selmanns Haus passierte? Frau Bosselmann, genannt Prophetin Hulda, wurde nämlich die nächste Frau Eller, und auch sie hörte göttliche Stimmen. Dazu war sie eine der reichsten Frauen Ronsdorfs. Ein knappes halbes Jahr nach dem Tode ihres Mannes heiratete sie Eller. Es wird auch vorher schon feste Bande gegeben haben. War da vielleicht eine nicht so göttliche Hand im Spiel, als Anna das Zeitliche segnete, mit nicht einmal fünfzig Jahren?"

„Unsterblichkeit? Nur Worte sind unsterblich. Deshalb schreibe alles genau auf, Stilling. Ich werde dir schon einen Verleger herbeibringen. Sag, was passierte nun?"

„Eller kam in wirkliche Schwierigkeiten. Wie sollte es jetzt ohne die Weissagungen Annas weitergehen? Also mußten die Töchter ran. Sarah übernahm die Rolle der Inspirierten und hörte auf einmal auch göttliche Stimmen. Die dämonische Kraft ihrer Mutter fehlte dem Kind jedoch. Deshalb verkündete Eller seinen Jüngern, die göttlichen Kräfte der schönen Anna seien auf ihn übergegangen. Aber der Sekte drohte die Spaltung. Einige begannen schon, Ronsdorf zu verlassen. Als die Generalsynode Ronsdorf 1749 aus der Vereinigung der reformierten Gemeinden ausschließen wollte, wagte Eller den ganz großen Wurf. Am Hofe Friedrichs des Großen..."

„Friedrich, der Freigeist!"

„... verkehrte der Medicus Bolckhaus, der älteste Stiefsohn Ellers. Nun galt es, reichlich Dukaten einzusetzen, um Minister willfährig zu machen. Und das Unglaubliche passierte: Der Schwärmer Eller wurde zum Königlichen Geheimen Rat ernannt, zum preußischen Agenten und Residenten; ja, zum Vorsteher sämtlicher protestantischer Glaubensgenossen im Herzogtum Berg. Er war auf dem Höhepunkt seiner Macht."

„Gut gezahlt, Medicus!" Goethe schenkt sich nach. „Ein trockener Wein, lieber Stilling. Man muß ein wenig Wasser dazu trinken. Schenke er mir also Wasser ein, und dann sage er mir, gibt es Beweise für die Bestechung?"

„Wer will was wie beweisen? Kein Minister wird sagen, er habe Geld angenommen. Kein Vertrauter des Königs gestehen: Hier habe ich eine Urkunde vorbereitet, die hat mir tausend Gulden eingebracht. Man redet auch dort Wasser und trinkt Wein."

„Also doch nur Vermutungen, lieber Stilling. Hat denn jedenfalls dieser Eller einen spektakulären Abgang gehabt, um es in der Theatersprache auszudrücken?“
„Wassersucht. Er war noch keine sechzig. Aber er hat bis zuletzt doch große Teile seiner Gemeinde bei der Stange halten können. Selbst als einer seiner eifrigsten Prediger, Daniel Schleyermacher, Partei gegen ihn bezog, standen viele von Ellers Anhängern noch hinter ihm. Für manche hing die Existenz davon ab; denn das hatte Eller geschafft: Menschen religiös und wirtschaftlich hundertprozentig an sich zu binden.“
„Und dann war der Spuk vorbei – mit dem Tode Ellers!“
„Weit gefehlt. Ein anderes führendes Sektenmitglied zog sich den himmlischen Mantel Ellers an. Sein Stiefsohn Johannes, dem Pastor Wülfing eifrig den Weg bereitete. Doch zwischen diesen beiden gab es bald Streit um die Oberherrschaft. Und Wülfing war jedes Mittel recht. Als Werkzeug nutzte er seinen eigenen Sohn Johannes, der gerade erst dem Schulalter erwachsen und außerdem vom Schwachsinn befallen war.“
„Ein weiteres Kapitel in deinem Criminalbrevier?“ Goethe runzelt die Stirn. Die Worte gehen ihm schon etwas schwer von der Zunge.
„Wülfing hetzte die Leute auf, Schleyermacher hätte seinen Sohn verzaubert. Wülfings Sohn Johannes wurde schließlich sogar gefoltert und von seinem eigenen Vater erpreßt, bis er die abenteuerlichsten Sachen zu Protokoll gab. Sarah und Anna, die Töchter Ellers, machten eifrig mit.“
„Das erinnert ja fatal an die Hexenverfolgung der Papisten. Doch im übrigen, lieber Freund, wenn es keine Hexen gäbe, wer, Teufel, möchte Teufel sein?“
„Jetzt trieb der Aberglaube die absonderlichsten Blüten in Ronsdorf. So wurden jeden Abend hundert Teufel mit über dreihundert Schüssen verjagt, Schwefel wurde angezündet, um die bösen Geister zu vertreiben. Jeden Morgen verkündete man die Zahl der getroffenen Teufel. Was wurde alles gepredigt von Wülfing und den Seinen! Was sollte alles schon vergiftet sein: Gartengewächse, Brunnen, Schornsteine, Betten, Häuser, Kleider. Jeden Morgen mußten die armen Einwohner Ronsdorfs ihre angeblich vergifteten Sachen mit etlichen Eimern Wasser reinwaschen. Der blanke Irrsinn hauste lange Zeit. Wülfing war sogar bereit, das Leben seines Sohnes zu opfern, um die angebliche Hexerei

zu beweisen. Es kam zu einer Criminaluntersuchung, bei der der von seinem Vater vollends verwirrte und schlimm gequälte Junge die ihm eingetrichterten Worte immer wieder ausstieß: Ich bin verhext worden."
„Schauerlich!" meint Goethe. Dann hält er einen Moment inne. „Das Gute und das Böse im Menschen liegen dicht beieinander. Diese Szene, lieber Freund, solltest du trefflich teufelhaft beschreiben; oder warte, ich werde mir diese Idee aufheben und durch den Kopf gehen lassen. Wie geht denn deine Szene zu Ende?"
„Irrwitz und Aberglaube, lieber Goethe, haben einen so vornehmen Platz bei den Menschen, daß mancher nicht unterscheiden kann, was ist Dichtung, was ist Wahrheit."
„Und wie heißt deine Wahrheit?"
„Das Eller-Volk zerfiel. Als erste wandten sich die ab, die in der Sekten-Hierarchie ganz unten standen. Der König zog seine Privilegien und den Schutz über die Glaubensgemeinschaft zurück. Immer mehr Standes-Personen traten aus der Sekte aus. Die Bewegung, die einst am Ochsenkamp begann, fand ein unrühmliches Ende."
„Und wie heißt deine Dichtung?"
„Ganz einfach, Goethe. Im Buch werde ich mich selber arrestieren lassen, um die Geschichte ein wenig anzuheizen. Ich habe aus unserem Gespräch Lehren gezogen. Wie wäre es, wenn ich im Roman als Hexer und Verleumder verfolgt und in Gefangenschaft gebracht werde?"
„Legitim", meint Goethe nickend. „Ich meine, illegetim ist es nicht. Wie du mir die Geschichte erzählt hast, so könnte man glauben, daß du dabei gewesen wärest. Warst du doch auch, lieber Stilling."
„Wenn ich es recht bedenke, lieber Freund, ich vermag es nicht mehr genau zu sagen. Der Wein wiegt schwer in meinem Kopf, und es drehen sich die Hexen mit den Teufeln unter meiner Schädeldecke. Morgen muß ich wieder als Medicus praktizieren und brauche nun Schlaf. Aber wenn es dir konveniert, werde ich die Geschichte zu Ende schreiben und dir schicken. Doch wie soll ich sie nennen? Gefällt dir der Titel ‚Von Sodom nach Gomorrha'? Ja sicher, du hast ihn ja selber vorgeschlagen.
Nun laß ich dich aber allein, und paß auf, Goethe, wenn du zum Abtritt gehst, weck mir mein Weib nicht auf mit deinem Poltern … Und schlafe gut."

Die Zeitdiebe im Wuppertal

Zum römischen Kaiser Hadrian kam einst eine alte Frau als Bittstellerin. Der Kaiser wies sie ab mit den Worten: „Ich habe keine Zeit." Daraufhin antwortete sie: „Wenn du keine Zeit hast, dann sollst du auch kein Kaiser sein!"
In Saint-Exupérys Erzählung „Der kleine Prinz" kommt ein Pillenverkäufer zum kleinen Prinzen, um ihm eine Pille gegen den Durst zu verkaufen. Dadurch könne er dreiundfünfzig Minuten in der Woche sparen. Der kleine Prinz lehnt dankend ab: „Wenn ich dreiundfünfzig Minuten übrig hätte, würde ich ganz gemächlich zu einem Brunnen laufen ..."
Heinrich Böll erzählt von einem Fischer, der nach getaner Arbeit in der Sonne döst. Wenn er klug sei, so rät ihm jemand, solle er die Zeit nutzen, Leute anstellen und von dem Ertrag weitere Boote kaufen. „Was dann?" fragt der Fischer. Der Tourist daraufhin: „In der Sonne dösen!"

Wir modernen Menschen haben oft das Gefühl, uns würde in der Hektik und Betriebsamkeit des Alltags die Zeit gestohlen. Dann zerbrechen wir uns den Kopf, wie wir den Zeitdieben unsere Zeit wieder abluchsen können. Meistens greifen wir zu technischen Errungenschaften und kaufen ein Gerät, welches uns erlaubt, Zeit zu sparen. Die meisten sind auf diese Weise beispielsweise zu einer Spülmaschine, einer Waschmaschine oder einer Mikrowelle gekommen.
Zeitdiebe waren schon immer und überall unterwegs, so auch im Tal der Wupper in der Mitte des 19. Jahrhunderts. Dort betätigten sie sich vornehmlich als Fabrikherren. Als solche waren sie nicht nur Brotgeber, sondern sie nahmen den Arbeitern auch etwas weg – ihre Arbeitskraft und ihre Zeit.
Die Zeitdiebe im Wuppertal versteckten sich zumeist hinter Bibelseiten und gaben sich fromm und edelmütig. Manche waren das ohne Zweifel auch; doch viele pflegten eine Doppelmoral, die es ihnen erlaubte, ihre Arbeiter zu schinden und auszubeuten und trotzdem sonntags in der Kirche den frommen, wohlanständigen Christen hervorzukehren. Einen dieser Fabrikherren möchten wir hier beschreiben: den Bandfabrikanten Josuah Jedinghagen.

Gemessen an den riesigen Fabriksälen, die mit dem Siegeszug der Dampfmaschine im Wuppertal errichtet wurden, nahm sich Josuah Jedinghagens Bandwirkerei bescheiden aus. Dicht gedrängt standen die Wirkmaschinen in den schmalen Räumen. Manches junge Menschenkind mußte in seinem Betrieb schuften, um zum knappen Familienlohn beizutragen. Der Arbeitstag dauerte auch für die Kinder 12 Stunden und länger.
Die Gefräßigkeit des „frommen Herrn", wie er sich nennen ließ, war sprichwörtlich im Wuppertal. Sie verschlang die Kindheit der jungen Menschen, die in sein Geschäft eintraten. In dem Moment, in dem sie die Schwelle zur Jedinghagenschen Fabrik überschritten, begann für sie eine Zeit in der Hölle.
Einer von ihnen war Karl Homringhaus aus dem Wuppertal, einer, der nicht auf den Kopf gefallen war. Noch lernte er in der Schule rechnen, schreiben und lesen; aber die Eltern drängten, er solle arbeiten gehen, denn zu Hause war die Not groß. Die achtköpfige Familie hauste in zwei kleinen Kammern. Das Baby lag noch in der Wiege, das zweitjüngste schlief bei den Eltern. Die anderen vier Kinder mußten sich eine Bettstelle teilen. Zwei lagen mit dem Kopf nach oben und die anderen beiden mit dem Kopf nach unten. So sparten sie beim Schlafen Platz. Längst nicht jeden Tag wurden sie satt, und wenn es etwas zu essen gab, war es zumeist schwarzes Brot. Es gab aber auch Kartoffeln und Gemüse, denn die Eltern bestellten einen eigenen Garten. Wie die meisten Arbeiter im Wuppertal trank der Vater viel Branntwein und war vor der Zeit gealtert.
Freie Zeit hatte keiner zur Verfügung. Die Kleineren paßten auf die Kleinsten auf, und die Größeren mußten nach der Schule das schmale Familieneinkommen aufbessern: durch Garnspulen, Botengänge oder ähnliches.
Schlimm hatte es Karls ältere Schwester Elsbeth getroffen. Sie arbeitete in einer Riemendreherei, wo Schuhriemen und Litzen hergestellt wurden. Von morgens sieben bis abends um acht dauerte der „normale" Arbeitstag. Aber wenn sich im Herbst und im Frühjahr die Aufträge drängten, ging es bis um zehn Uhr abends oder auch bis zwölf. Und samstags mußte sie die ganze Nacht hindurch arbeiten, bis zum Sonntagmorgen. Karls Vater holte seine Elsbeth ab. Immer wieder mußte sie sich an einem Zaun festhalten, weil ihre dick geschwollenen Füße den Dienst versagten.

Ein Schulkamerad von Karl mußte mit 13 Jahren schon einen schweren, doppelspuligen Jacquardstuhl bedienen, ein ganzes Jahr lang. Er kam einfach nicht mehr zur Schule. Körperlich war er dermaßen geschwächt, daß seine Mutter ihn jeden Morgen vom Hals bis zu den Füßen bandagieren mußte, damit er die Arbeit durchstehen konnte.
Eines Tages mußte Karl dem Vater ein Gedicht vorlesen. Pollmanns Eugen hatte es ihm heimlich in die Hand gedrückt. Es war das „Elberfelder Weberlied“.

Noch schaffen fleißig uns're Hände,
Um zu erwerben trock'nes Brod;
Sie schaffen, daß sich von uns wende
Das Schreckgespenst, die Hungersnoth.

Es schaffen uns're bleichen Weiber,
Zur Arbeit treiben wir das Kind;
Doch seht, wie trotzdem uns're Leiber
Verdorret, gleich Skeletten sind.

Wenn wir aus dumpfigen Fabriken
Erschlafft und müde gehn nach Haus-
Dann zeigt sich uns'ren trüben Blicken
Erst recht des Elends düst'rer Graus.

Wenn wir nach langem Tagwerks Ende
Verschlafen wollen Sorg und Noth,
Da bergen dumpfe, enge Wände
Für uns die Krankheit und den Tod.

So leben wir dies Jammerleben
Bis uns erlöst von aller Noth,
Bis uns erlöst von stetem Weben
Der beste Freund von uns – der Tod.

Der Vater hielt eine Weile lang inne. Dann sprudelte es aus ihm heraus: „Dat Freeten soll ich verdeenen bei einem Stall voll Blagen. Twei Brödersch haste noch. Ömmer Striet on Krawall in de Kamer.“

„Du hast recht, Vater", sagte Karl kleinlaut. Eigentlich wäre er gern länger in die Schule gegangen, denn er lernte gut. Vielleicht hätte er dann eine Lehre auf dem Kontor machen und dem Elend entfliehen können. Doch er wußte, was von ihm erwartet wurde und preßte hervor: „Dann werde ich eben auch arbeiten gehen – wie du!"
Bei Jedinghagen trieb er von nun an 13 Stunden täglich den Bandstuhl an – für 80 Pfennig in der Woche. Der Vater bekam das Doppelte. Bei nächster Gelegenheit, als wieder ein Kind in seinen Betrieb eintrat, entließ Jedinghagen den Vater.
Trotzdem schien Karl bei Jedinghagen noch Glück zu haben, denn der hielt nichts von langer Arbeit in der Nacht zum geheiligten Sonntag. Schließlich sollten die Arbeiter sonntags den Gottesdienst besuchen. Im „Reformierten Wochenblatt" stand:
„Wir sind mit den Anstrengungen, den Entbehrungen und Leiden des Arbeiterstandes zu bekannt, als daß wir nicht demselben am Sonntage nach der oft schweren Wochenarbeit eine Erholung für den Körper und Seele von Herzen gönnen möchten. Aber eine Erholung, die mit den Grundsätzen des Wortes Gottes streitet, die statt der Seele Ruhe, Sammlung und Frieden zu geben, nur Aufregung, Sinnentaumel und Zerstreuung bringt, können wir nicht nur nicht gutheißen, sondern möchten den Arbeiterstand möglichst gegen eine solche Erholung warnen und zu schützen suchen."
Trotzdem: Die Komödienzettel und Plakataushänge für Lustspiele, wie sie im Wuppertal vermehrt aufkamen, wurden gierig gelesen. Das jeweilige Stück zu sehen konnten sich aber nicht viele leisten. Karls Vater auch nicht. Er hatte nicht einmal einen Anzug. Oft teilten sich mehrere Männer einen Ausgehrock, so schlecht war es hier damals mit der „Männermode" bestellt. Wie gerne hätten die Menschen sich einmal Ablenkung von der harten Arbeit verschafft. Doch Zerstreuungen waren den Pietisten verhaßt. Sie warfen böse Blicke auf die Theaterzettel und Anschläge mit ihren reißerischen Ankündigungen. Jedinghagen war einer derjenigen, die am lautesten dagegen wetterten.

„Nun wollen wir die Presbyterwahl vorbereiten. Ebenfalls muß der Prediger, unser lieber Bruder Hilligenhoff, in seinem Amte bestätigt werden." Mit diesen Worten leitete der Vorsitzende des Presbyteriums, Herr Hasseloh, die Versammlung ein.

„Werden wir auch genug Wähler haben, damit unsere Wahl nicht angefochten werden kann?“ meldete sich Jedinghagen zu Wort.
„Wir müssen ein wenig werben, damit sie zur Wahl kommen!“ machte Schüring Mut.
„Sagt aber selbst“, hob Jedinghagen an, „was lockt unsere Arbeiter vom Bandwirkerstuhl? Die Kirchenglocken sind es schon lange nicht mehr. Die Zeit ist längst vorbei, wo beim Klang der großen Glocke die Arbeiterfamilie zu ihren Kirchenbüchern griff und sich zum Gottesdienst auf den Weg machte. Was sie lockt, das sind die Anschläge an den Straßenecken, die irgendwelche Ergötzlichkeiten anpreisen. Sollen wir etwa Schaustellereien im Gottesdienst anbieten, damit sie wieder zu uns kommen?“
„Gar holde Liebeslieder vorbringen?“ raunzte Hasseloh.
„Wir müssen den verderblichen Einflüssen Einhalt gebieten. In banger Sorge um unsere Arbeiter müssen wir alles daran setzen, das überlieferte Gute zu erhalten und die loser werdenden Bande wieder fester zu knüpfen.“
„Wie die Knüpfjungen an der Spulmaschine!“ sagte Brottmann lachend. „Sie knüpfen den ganzen Tag Band – für uns!“
„Statt Dank und Vertrauen“, setzte Jedinghagen fort, „ernten wir, die wir dem niedrigen Stand Arbeit geben, Spott und Abkehr.“
„Da müssen wir vor unserer eigenen Kirche kehren!“ wandte Prediger Hilligenhoff ein. „Persönliche Berührungen scheinen mir von großer Wichtigkeit zu sein.“
„Also faßt sie euch, die strammen Schenkel!“ flüsterte Brottmann Schüring zu, bekam aber dessen ernste Blicke zu spüren.
Und Hilligenhoff führte weiter aus: „Persönliche Berührungen zwischen Arbeitern und ihren Fabrikherren dienen dazu, die Kluft zu überbrücken, die sich zwischen beiden gebildet hat und leider immer breiter und tiefer zu werden droht. Auch wenn wir uns ihnen zuwenden, dürfen wir nicht gleich damit rechnen, Dank zu erhalten. Das Mißtrauen der niederen Stände ist so tief verwurzelt, daß sie hinter jeder, aber auch jeder noch so gutgemeinten Einrichtung unseren Eigennutz wittern.“
„Sie kommen mit dem Lohn nicht aus“, führte Hasseloh an. „Wir zahlen Vorschüsse auf den Lohn, helfen in Notlagen…“
„Worin besteht denn euer Lohn?“ mischte sich Hilligenhoff tadelnd ein. „Ihr zahlt mit altmodischen Wolltüchern statt mit Geld, mit Schweizer-

käse, Kaffee und Branntwein. Wenn ich von euch statt Geld wollene Tücher erhielte, könnte ich nicht meine Aufwendungen bezahlen. Wie erst geht es euren Arbeitern, die Familien haben und eng gekauert in einem Loch hausen müssen, weil sie mit unnützen Dingen entlohnt werden. Zahlt euren Leuten statt Waren Geld und zwingt sie nicht dazu, billigen Kram zu nehmen."

Jedinghagen schaute Brottmann an, und Brottmann ließ den Blick zum Vorsitzenden des Presbyteriums wandern. Sie sollten hier also die Leviten gelesen bekommen. Sie – geachtete Männer ihres Standes und in der Kirche fest verwurzelt.

„Wo steht denn da der Nachteil?" wandte Brottmann ein. „Kann nicht jeder Arbeiter auch Tabak gebrauchen und jede Arbeiterin Weiberschmuck?"

„Talmi, wertloser Schmuck und viel zu teuer berechnet. Wenn ihr den Arbeitern die halben Pfennige im Kreditbuch stets abstreicht, Euer Guthaben im Debet aber in Heller und Pfennig genau zu eurem Vorteil ausrechnet, was ist daran sozial?"

„Hat dieser Kommunist aus Barmen hier schon die Kirchenprediger angesteckt?" Jedinghagen spielte damit wütend auf den Fabrikantensohn Friedrich Engels an.

„Auf ihn lasse ich nichts kommen!" wandte Hilligenhoff ein und blätterte in seinem kleinen Buch, in das er sich immer seine Notizen machte. „Er ist bei mir zur Konfirmation gegangen. Er hat am Vorabend seiner Konfirmation ein Gebet niedergeschrieben, das ich mir notiert habe. Hört mir zu, Brüder im Herrn:

Herr Jesus Christe, Gottes Sohn,
O steig herab von Deinem Thron,
Und rette meine Seele!
O komm mit Deiner Seligkeit,
Du Glanz der Vaterherrlichkeit,
Gib daß ich Dich nur wähle!"

„Und was hat er gewählt?" Brottmann sabberte, wenn er erregt war. Speichel rann ihm das Kinn herunter. „Den Aufstand! Das garstige Umstürzlertum!"

„Eine Zeile erscheint mir bemerkenswert!“ sagte Hilligenhoff daraufhin. „O steig herab von Deinem Thron! – Auch wir sollten von unserm Thron steigen und den Arbeitern die Hand geben. Nur so werden wir sie wieder für uns gewinnen können.“
Jedinghagen sinnierte: „Wir brauchen sie natürlich für unsere Wahlen. Wenn wir uns ihnen nähern wollen, wie kann dies geschehen?“
Keiner wußte eine Antwort.
Hätte Friedrich Engels bei ihnen gesessen, dann hätte er ihnen vielleicht eine Stelle aus seinen „Briefen aus dem Wuppertal“ vorgehalten:
„Die reichen Fabrikanten aber haben ein weites Gewissen, und ein Kind mehr oder weniger verkommen zu lassen, bringt keine Pietistenseele in die Hölle, besonders wenn sie alle sonntags zweimal in die Kirche gehen. Denn das ist ausgemacht, daß unter den Fabrikanten die Pietisten mit ihren Arbeitern am schlechtesten umgehen, ihnen den Lohn auf alle mögliche Weise verringern, unter dem Vorwande, ihnen dadurch die Gelegenheit zum Trinken zu nehmen, ja, bei Predigerwahlen immer die ersten sind, die ihre Leute bestechen ...“
Wenn man dem nicht bald einen Riegel vorschob, überlegte Jedinghagen, würde womöglich einer dieser Umstürzler demnächst in ihrer Kirche predigen. Wenn er erst einmal als Presbyter wiedergewählt war, würde er bei der Predigerwahl schon wissen, wem er seine Stimme zu geben hatte. Diesen Hilligenhoff, der mit den Umstürzlern gemeinsame Sache machte, würde er jedenfalls aus dem Amte entfernen. Er hatte da schon jemanden im Auge, der die rechte Lehre besser verbreiten würde.
Zur Wahl brauchte Jedinghagen die Stimmen seiner Arbeiter, das war klar; denn sie wohnten meist nicht weit entfernt und gehörten zur Gemeinde. Brottmann würde seine Arbeiter gewinnen und auch Hasseloh seine Schäfchen um sich sammeln.
Plötzlich hatte Jedinghagen eine Idee, wie er es anstellen konnte. Er würde seinen Arbeitern die Erlaubnis geben, alle zwei Stunden die Arbeit für eine kurze Pause zu unterbrechen. Für ein paar Züge an der kalten Pfeife würde man ihm schon gehörig dankbar sein. Allerdings dürfte er als Fabrikherr keine Einbuße erleiden. Seine Arbeiter müßten einfach glauben, kürzer zu arbeiten, aber in Wirklichkeit würde er sie länger als vorher bei der Arbeit halten, ohne daß sie es merkten. Das müßte doch irgendwie zu drehen sein!

Jetzt bliebe noch die Frage, ob sie sich überhaupt an der Wahl beteiligten. Sonntags, am einzigen freien Tag der Woche, waren sie schon lange nicht mehr in die Kirche zu bekommen. Aber alltags hatte er sie unter Kontrolle, da könnte er sie nach getaner Arbeit zur Wahl führen. Ob er seine Leute vom Kirchenvorstand überreden konnte, die Wahl an einem Alltag nach Feierabend abzuhalten?

Karl arbeitete also, und die Fabrikarbeit fiel ihm schwer. Er war auch nur ein dünnes Hemd mit seinen knapp 14 Jahren. Kein Wunder, bekam er doch fast nie satt zu essen. Fleisch, das ihn mit Eiweiß und Proteinen versorgt hätte, sah er höchstens mal sonntags, und dann war es 1 Pfund für die ganze Familie. Wenn er die Arbeit nicht schaffte, half ihm manchmal einer der Gesellen, ein gewisser Fritz Minkes.
Dieser war aus der Opladener Gegend nach Elberfeld gekommen und lebte ohne Familie als Kostgänger bei einer armen Witwe. Sonntags besuchte er regelmäßig Versammlungen, die ein katholischer Geistlicher im Hinterzimmer der Wirtschaft „Zur Dränke"abhielt.
Sein Name war Adolf Kolping.
„Wenn das niedere Volk blind ist und unbedacht dreingreift und sich auf das Leben des Tages nur verläßt, wenn es sich völlig unfähig erweist, seine Zukunft richtig abzuschätzen…"
„Was dann?" ertönte ein Zwischenruf.
„…gibt das dem Einsichtigeren, Interessierten ein moralisches Recht, mit den Beschränkten zu handeln nach Belieben? Kann er die Unmündigen ausbeuten zu seinem Nutzen, so weit das möglich ist und sie dann fortwerfen?"
Fritz Minkes beeindruckten diese Reden, und er begann jetzt häufiger über seine Situation nachzudenken. Das Debattieren in der Öffentlichkeit war seine Sache nicht. Nur schwer und unbeholfen gingen ihm die Worte von der Zunge. Doch er verfügte über einen wachen Geist und ein offenes Herz. Er nahm das Elend der arbeitenden Kinder, der ausgemergelten, oft dem Trunke ergebenen Frauen und Männer, der verlassenen Alten wahr, und es griff ihm ans Herz. Schweigend lauschte er dem Gottesmann, der andere Ideen ins Wuppertal brachte als die pietistischen Fabrikanten in ihren schwarzen, langen Röcken.
In Jedinghagens Fabrik gab es eine Arbeiterin, die Fritz besonders gefiel. Liese war ihr Name, und sie hatte wohl die loseste Zunge im

ganzen Bandwirkersaal. Wenn sie Karl neckte, blitzten ihre braunen Augen, daß man glauben mochte, zwei kleine, übermütige Kobolde hüpften gleich aus ihnen heraus, um Purzelbäume zu schlagen.
„Na, Karlemann, lädst du mich heute abend zu einem Gläschen ein? Aber nein, du brauchst ja keinen Branntwein, du drehst dich ja schon den ganzen Tag im Kreis, da brauchst du keinen Schnappes, damit sich bei dir alles dreht. Ich dreh dir heute den Schlüssel meiner Kammer um!"
Doch das war nicht ernst gemeint, das wußte jeder. Lieses Verlangen ging nicht nach Karl, der war ja fast noch ein Kind, da hielt sie sich noch lieber an Fritz. Der brachte zwar kaum ein Wort raus, aber er stand oft neben ihr am Spulrad. Stand einfach da und sah sie an. Komisch war das, aber es gefiel ihr, und sie machte keine Witze darüber.
Im übrigen wurde ihr Lebenswandel streng überwacht. Sie lebte, so wie die meisten Fabrikmädchen, die nicht im Elternhaus wohnen konnten, im Ledigenheim. Zu viert teilten sie sich eine Kammer. Abends nach der Fabrikarbeit wurden sie häufig von Frau Jedinghagen im Ausbessern ihrer Kleidung und in allerhand sonstiger Näharbeit angeleitet. Dabei wurde nicht selten gebetet. Wehe, wenn da eine fehlte! Aber vielen Mädchen war nach einem harten Arbeitstag nicht mehr nach Beten und Kleiderflicken zumute. Sie suchten Abwechslung, Zerstreuung – und Kontakt zum anderen Geschlecht. Doch wer sich von ihnen eines „losen Lebenswandels" schuldig machte, wurde gnadenlos entlassen.
Eines Tages machte Karl eine merkwürdige Beobachtung. Es war gegen Ende des langen Fabriktages in einer der neuerdings gewährten Fünfminutenpausen. Die Arbeiterinnen und Arbeiter hatten den Saal verlassen, um im Gang kurz an der Pfeife zu ziehen oder draußen frische Luft zu schnappen. Nur Karl war zu erschöpft und hatte sich in einer Ecke auf einem Haufen Lumpen ausgestreckt.
Plötzlich war die Tür vom Kontor aufgegangen. Jedinghagen schoß heraus und ging schnurstracks auf seinen Vorarbeiter zu, der gerade seine Taschenuhr zog. „Wir müssen in die Tröte blasen, das Werk geht jetzt weiter!" Jedinghagen lachte kurz auf. „Ja, ja blas nur immer in die Tröte, damit sie wieder fleißig spulen und wirken. Diese Pausen geben mir die vorzügliche Gelegenheit, den Arbeitstag so lange zu verlängern, wie ich es für richtig halte. Von diesem dummem Pack hat doch keiner eine Uhr."

Was war das? fragte sich Karl. Die Tröte kannte er natürlich. Damit gab der Vorarbeiter Arbeitsbeginn, Arbeitsende und die Pausen bekannt. Aber er wußte nicht, was er von dem halten sollte, was Jedinghagen gerade gesagt hatte. Also ging er zu Fritz und Liese und schilderte ihnen seine Beobachtung.
Die wechselten einen vielsagenden Blick. „Deshalb also wird mir der Tag so lang in letzter Zeit", sagte Liese. „Wenn das nicht eine ausgemachte Schweinerei ist. Erst tut er sich als Wohltäter hervor mit seinen Pausen, und dann holt er das Versäumte doppelt oder dreifach wieder rein." Sie blickte zu Fritz. „Jetzt sag du auch mal was!"
Der machte eine Faust in der Tasche und murmelte: „Die Suppe werden wir ihm schon versalzen. Aber vorerst zu niemandem ein Wort. Wir müssen uns was Gescheites ausdenken. Nicht, daß wegen dem seinen Fisimatenten einer von uns die Arbeit verliert!"

„Wer das Elend kennenlernen will, der findet auch in unserm gesegneten Wuppertal sattsam Gelegenheit dazu. Wir müssen etwas ändern!" sprach Hilligenhoff in die Runde des Wahlausschusses zur Presbyter- und Predigerwahl. „Ein Arbeiter kann heutzutage kaum mehr das Salz in der Suppe verdienen!"
„Kartoffeln und Brot lassen sich auch ohne Salz essen und verdauen!" mäkelte Jedinghagen.
„Mein lieber Bruder!" Hilligenhoffs Stimme schraubte sich in eine Höhe, die ihr niemand zugetraut hätte. „Alleine in Elberfeld werden von 2500 schulpflichtigen Kindern mehr als die Hälfte dem Unterrichte entzogen und wachsen in den Fabriken auf. Und warum?"
„Weil sie es satt haben, nur vom Wort des Schullehrers zu leben. Das kann man nämlich nicht essen!"
„Der Brotkorb hängt hoch, fürwahr", bemerkte Hilligenhoff. „Doch wenn Kinder der Schule abgeworben werden, dann doch nur, weil sie dem Fabrikanten nur die Hälfte dessen kosten, was er einem erwachsenen Arbeiter bezahlen müßte. Deshalb sind so viele Männer und Familienväter ohne Arbeit. Junge Menschen werden an den Maschinen an Geist und Leib zu Krüppeln gemacht, nur weil viele von euch Fabrikherren das Geld sparen wollen und für ehrliche Arbeit keinen gerechten Lohn bezahlen."
„Spenden wir nicht regelmäßig für das Gotteshaus?"

„Spenden? Gib ihnen gerechten Lohn, Bruder!“
„Was machen sie denn mit dem Geld? Sie bringen es ins Wirtshaus!“
„Dabei könnten sie doch auch bei uns Wein trinken, beim Abendmahl!“
Schüring lachte.
„Darüber müssen wir auch einmal im Presbyterium reden!“ reagierte Hilligenhoff heftig. „Ich habe gehört, daß sogar ein einziger Schluck Wein aus dem Kelch diese Arbeiter schon zu Randalierern macht.“
„Was denn? Sie saufen jeden unter dem Tisch!“ wandte Jedinghagen ein. „Außerdem macht Abendmahlwein nicht trunken. Höchstens selig, denn in ihm steckt das Blut Jesu Christi!“
Hilligenhoff setzte sich auf seinem Stuhl zurecht. „Aber siehst du es denn nicht, Bruder, Alkohol und Armut, das hängt zusammen!“
„Aber Bruder Prediger, was willst du denn von uns? Wer gibt ihnen denn Arbeit, wer gibt Geld? Sind wir es nicht?“
„Mein lieber Jedinghagen. Es mag so sein. Aber ich sehe auch noch eine andere Gefahr. Es ist Unruhe im Land. Große Unruhe. Was hilft uns, wenn wir nur nach außen hin unsere Gottesfurcht zeigen, sie im Inneren des Herzens aber nicht leben. Seht euch die Schuster an! In ihrer Werkstatt liegt links die Bibel und rechts steht die Flasche mit Branntwein. Das sind die wahren Philister! Überall in unserem ach so frommen Wuppertal sehe ich Philister, aber nirgendwo die Liebe Gottes. Es steht geschrieben: Gebet dem Herrn, was des Herren ist. Und ich sage weiter: Gebet dem Arbeiter, was er verdient!“
Jedinghagen sprang auf. Blut schoß ihm in den Schädel: „Ich zahle meinen Arbeitern den gerechten Lohn. Jetzt habe ich sogar noch Pausen alle zwei Stunden eingeführt.“

Fritz dachte nach: Was hatte sich doch alles verschlechtert im Tal der so friedlich fließenden Wupper! Die Alten hatten erzählt, daß die Menschen früher nicht mehr als 12 Stunden arbeiten mußten. Jetzt aber machten die Fabrikherren die Nacht zum Tage und eigneten sich auch noch die Nachtstunden der Arbeiter an. Jede Grenze, jedes Maß war verlorengegangen. Sie sagten, es wäre wegen der Konkurrenz aus England und Frankreich. Dort hätten die Fabrikherren ihre Interessen günstiger geregelt als im in viele Kleinstaaten zersplitterten Deutschland. Da müßten die deutschen Fabrikanten eben billiger produzieren und an den Löhnen sparen.

Jedinghagen war mit Hasseloh und Schüring in der „Knorrigen Eiche“ verabredet, einem alten Wirtshaus unweit der Wupper. Von draußen konnte man sie nicht sehen, die Herren Kirchenvorstände, die sich hier versammelt hatten. Denn das Fenster war aus Milchglas, in das eine Jagdszene kunstvoll eingeätzt war. Ein Rehbock äste ruhig, und der Jäger legte an.
Schüring saß schweigend und betrachtete die beiden anderen. Der Wirt brachte in Steingutkrügen das mit Eis gekühlte Bier.
„Darf es auch etwas zu essen sein?“ fragte er vornehm.
„Nein, nein!“ Hasseloh schüttelte energisch den Kopf und machte ihm eine unmißverständliche Geste, zu verschwinden.
„Ganz Wuppertal scheint auf die Barrikaden gehen zu wollen. Es ist gemeingefährlich, was die Leute predigen. Kaum hat dieser Engels eingeladen, strömen die Menschen in Massen. Ganz Elberfeld und Barmen kriegt er auf die Beine. Man gibt den Versammlungen einen harmlosen Anstrich, läßt Harfenmädchen aufspielen und Gedichte rezitieren. Dann kommen Engels und Heß unter falschem Namen und predigen die Weltrevolution. Ich sage euch, der Wuppertaler Kommunismus ist schon eine Macht.“
„Und Adolf Kolping verdreht den Katholischen den Kopf!“ sagte Schüring.
„Selbst unser Prediger geht mit ihnen einen Weg. Er will das Abendmahl ohne Wein feiern und dem wahren Wort Gottes seine eigenen Worte entgegensetzen. Dieser Mann muß weg!“
„Auch mir paßt er schon lange nicht mehr!“ rief Schüring.
„Ich habe schon einen anderen gefunden, werte Brüder“, räusperte sich Jedinghagen. „Er heißt Korbmacher und kommt von den Höhen in Ronsdorf. Ihr müßt ihn mal hören. Er predigt so packend und erbaulich von der Erweckung des wahren Geistes und der Überwindung der niederen fleischlichen Gelüste, daß die Gemeinde allenthalben mit ‚Halleluja‘ und ‚Hosiannah‘ einstimmt. Da denkt keine fromme Seele mehr an rohes Umstürzlertum, und wir können endlich in Ruhe wieder unseren Geschäften nachgehen. Hilligenhoff wird doch wirklich untragbar mit seinen wirren Ideen. Überall hört man nur noch von den sozialen Bewegungen. Sogar Kommerzienrath von der Heydt kümmert sich jetzt um die Armen. Er sagt, wir verwalten nicht unsere Silbergroschen und

Thaler, sondern die uns von der Obrigkeit aus den Steuern unserer Mitbürger anvertrauten Gelder. Er will Armenpfleger einsetzen. Als ob wir unserer Pflicht nicht nachkämen und unsere Arbeiter vernachlässigten!"

„Ganz recht!" pflichtete Hasseloh ihm bei. „Es muß endlich Schluß sein mit diesem weltlichen Getue. Gerechtigkeit weiß ganz alleine der Herr dort oben zu verteilen. Und mit uns hat er es", er lachte ziemlich laut, „ganz gut gemeint. Aber seid ihr sicher, daß wir die Mehrheit haben werden im neuen Presbyterium?"

Jedinghagen griff in die Westentasche und ließ die goldene Uhr aufspringen. „Sieben Uhr!"

„Was meinst du damit, Josuah?"

„Wir müssen die Presbyterwahl auf einen Alltag legen. Denn nur dann können wir sicher sein, daß uns unsere Leute zur Wahl begleiten. Noch ist das Gros gutmütig und läßt sich von uns sagen, wen es zu wählen hat. Aber bei den Handwerkern und den Witwen, den kleinen Krautern und Subalternen in den Verwaltungen können wir uns nicht so sicher sein. Hilligenhoff ist beliebt bei den meisten. Und wer weiß, vielleicht bekommen sie eine Mehrheit in unserem altehrwürdigen Presbyterium. Wenn wir es aber durchsetzen, daß an einem Freitagabend gewählt wird, dann gehen wir nach der Arbeit geschlossen mit unseren Leuten zur Wahl. Und ich sage euch, das Presbyterium wird wie bisher hauptsächlich mit Leuten wie uns besetzt sein. Dazu werden wir sie schon kriegen. Was aber sagen wir Hilligenhoff, warum wir freitags wählen wollen. Der wittert doch Unrat?"

„Das ist doch ganz einfach!" Schüring strahlte. „Sonntags sieht man ohnehin keinen Arbeiter in der Kirche, und er will doch unbedingt, daß sie wieder zu uns kommen."

„Arbeiter! Ich kann dieses Wort nicht mehr hören. Es ist überall, in aller Munde."

„Und immer lauter werden die Rufe nach Geld. Meine Arbeiter wollen schon die Hälfte ihres Lohnes in Geld statt in Waren!" Jedinghagen war entrüstet. „Also, Brüder, laßt uns alles daran setzen, die anderen für unseren Vorschlag zu gewinnen. Die Uhr darf nicht zurückgedreht werden, sonst sind wir alle nur noch ein Schatten unserer selbst."

„Ich pflichte dir bei, Jedinghagen, ich pflichte dir bei."

Am Tag der Presbyterwahl ging Jedinghagen recht oft zu seinen Arbeitern und redete auf sie ein. „Ich habe einen wunderbaren Prediger gefunden, der soll nun in Amt und Würden kommen und ihr könnt mir dabei helfen.“ Auch sprach er davon, daß er gerne einen „springen ließe“, wenn alle zusammenhielten. Für Jedinghagen schien alles nur noch eine Formsache zu sein.
Fritz aber hatte einen Plan. Er nutzte die kurzen Pausen, um die Kollegen von seinem Plan zu überzeugen. Er hatte ihnen von der gestohlenen Zeit erzählt. Doch heute ließ Jedinghagen seinen Vorarbeiter pünktlich um 7 Uhr am Abend den Arbeitstag beenden. Die Leute jedoch rührten sich nicht von ihren Bandwirkerstühlen, machten weiter, als ob sie kein Signal gehört hätten. Auch ließen sie sich nicht davon irritieren, daß Jedinghagen zusammen mit dem Vorarbeiter seine Arbeiter anschrie und sie von den Wirkmaschinen vertreiben wollte. Erregt fuchtelten die beiden mit hochroten Köpfen vor ihnen herum.
„Wir arbeiten wie immer!“ sagte Karl. „Wir sind es gewohnt, jeden Tag eine Stunde ohne Lohn zu arbeiten. So soll es auch heute sein. Sonst hätten wir das Gefühl, Zeit zu verlieren.“
Immer dunkler färbte sich der Kopf des Firmenchefs, und die Stimme drohte umzukippen. Als er sich ans Herz faßte und auf den Fabrikboden knallte, holte man einen Arzt. Doch der konnte nur noch den Tod feststellen: „Der Schlag hat ihn getroffen.“
„Wann ist es passiert?“ fragte er den Vorarbeiter.
„Um Schlag sieben!“ schrieb der Arzt schließlich in den Totenschein.

„Ein teurer Bruder ist von uns gegangen, liebe Gemeinde!“ predigte Pastor Hilligenhoff am Grabe. „Zu seinen Arbeitern war er wie ein Vater. Er breitete seine schützenden Hände über sie aus. Er lebte im Einklang mit der Zeit – aber war es nicht manchmal auch eine verlorene Zeit? Denn wir werden alle in unserm Herzen bewegen müssen und mit dem Verstand zu prüfen haben, ob wir unsere Zeit auch nutzen. Betet und achtet das Wort Gottes. Ohne ihn ist jede Minute verloren.“
Fritz schaute auf den spärlichen Kreis der Arbeiter, die der Trauerzeremonie beiwohnten. Wieviele Minuten, wieviele Stunden, wieviele Tage hatten sie verloren …

Von
sonderbaren Fuhrleuten
und
merkwürdigen
Betriebsunfällen

Über Kohlentreiber und Pulverfahrer

Es gibt eine Geschichte aus der Gegend von Rönsahl und Ohl. Dort soll es einst einen Geisterweg gegeben haben. Um Mitternacht sei dort, so heißt es, ein feuriger Wagen gefahren und habe eine Leiche fallenlassen, die er, wenn die Uhr eins schlug, rückwärts fahrend wieder aufgenommen habe.

Den Hintergrund für diese Sage bildet die vorindustrielle Schießpulverproduktion im oberen Wippertal. Schon ab dem Jahre 1620 – im Dreißigjährigen Krieg – betrieb der Meister Jörgen Wolter an der heutigen Lingesetalsperre die erste Pulvermühle im Tal der Wipper. Riesige Mengen Schwarzpulver wurden gebraucht, und so wuchs in dieser abgelegenen Gegend ein wahres Pulverimperium heran. Die Nachfahren Meister Wolters, die Familien Cramer und Buchholz, betrieben über 30 solcher Mühlen – bis in unser Jahrhundert hinein. Manche Länder bezogen ihr Schießpulver ausschließlich aus dieser Fabrikation, und die Familien Cramer und Buchholz wurden unermeßlich reich. Man nannte das obere Wippertal auch respektvoll „das Königreich Buchholz".

Pulvermühlen waren zuerst einmal durch Wasser angetriebene Stampfen. Natürlich war alles an diesen Stampfen aus Holz und Messing, denn kein Funke durfte entstehen. Beim Zusammenmischen der Bestandteile Holzkohle, Salpeter und Schwefel war höchste Vorsicht geboten. Nach der Vermischung wurde das Produkt je nach Einsatzzweck in verschiedenen Körnungen vertrieben. Nicht nur Fässer mit Schießpulver, auch Fässer mit dem grobkörnigen Sprengpulver für die zahlreichen Steinbrüche luden die Pulverfahrer schließlich vorsichtig auf ihre Wagen.

Nur die Holzkohle wurde aus den heimischen Wäldern gewonnen – insbesondere aus dem Faulbaumholz. Salpeter und Schwefel aber kamen aus Übersee, aus Südamerika. Mit schnellen Segelschiffen landeten sie in den Seehäfen und wurden mit Fuhrwerken ins Wippertal weitertransportiert.

War der Transport von Schwefel und Salpeter noch harmlos, so galt das Fahren von fertigem Schwarzpulver als besonders gefährlich. Nur erfahrene Fuhrleute mit besonderer Lizenz durften solche potentiellen

Feuerwerke lenken. Um den übrigen Verkehr nicht zu gefährden, durften diese Transporte nur nachts durchgeführt werden, und die Wagen mußten außerhalb der Ortschaften abgestellt werden, wenn der Kutscher schlafen wollte. Sie waren mit einem großen „P“ als Pulverfuhrwerke gekennzeichnet.

Der Pulverweg führte am Waldrand entlang, durch Bachsenken und über Bergzüge von Ohl und Rönsahl hinauf nach dem märkischen Halver. Genau aufgeteilt war, wer welchen Weg benutzen durfte. Denn auch die Kohlentreiber waren unterwegs. Sie durften den Pulverfahrern aber nicht begegnen.

Eine lange Karawane ausgemergelter Pferde, die unter der Last der Kohlensäcke schier zusammenzubrechen drohten, benutzte den „Bovenmühlenweg“, den oberen Mühlenweg, in Gang gehalten von sogenannten Kohlentreibern; das waren ständig fluchende und meist mißmutige Männer. Hier in Rönsahl hatten sie, von den Halden bei Witten herkommend, noch einen langen Weg vor sich; denn ihr Ziel war Siegen, wo die Kohlen für die aufblühenden Industrien benötigt wurden.

Was für ein Unterschied zwischen den beiden Berufsständen! Die Kohlentreiber waren rauhe, ungehobelte Kerle mit schwarz verschmierten Gesichtern, die ihre Pferde unbarmherzig die Hohlwege hinauf- und hinabtrieben. Dagegen war der Fuhrmann ein geachteter, ehrenwerter Mann. Geschick im Umgang mit Tieren, Erfahrung und persönliche Eignung zeichneten einen guten Fuhrmann aus. Im Bergischen Land gehörte damals der „Peerdsfuhrmann“, wie man ihn nannte, zum Straßenbild.

Meist waren es Recken von hünenhafter Gestalt. Diejenigen, die klein von Wuchs waren, wirkten zwar spillerig, waren aber sehnig und zäh. Wind und Wetter hatten ihnen Gesicht und Hände gegerbt. Meist sprachen sie leise mit ihren Pferden, sie konnten sie aber auch gehörig anbrüllen, wenn sie es für nötig hielten.

Sie saßen mit ledernen Botzen, das sind über die Beinkleider gezogene Schutzhüllen, die bis ans Gesäß reichten, auf dem Kutschbock oder dem Führpferd. Zur Sommerszeit kleidete sie ein kurzes Jackett. Quer über der schwarzen Samtweste hing die silberne Uhrkette. Den Uhrendeckel zierte ein Pferdekopf. An die Weste waren weiße Hornknöpfe genäht. Manche Fuhrleute trugen auch den blauen bergischen Leinenkittel. Auf dem Kopf saß der breitkrempige schwarze Wetterhut; der Lodenmantel aber wurde im Futtersack verwahrt und kam zum Einsatz, wenn es heftig regnete. Natürlich kam ein Fuhrmann nicht ohne Pfeife aus, ein Ding mit langem Hals und einem Hirschkrönchen an der Spitze.

Der Feuerwagen

Im Wirtshaus war der Fuhrmann Geschichtenerzähler. Er kam auf seinen Reisen weit herum. Was erzählt man woanders? Wie sind die Sitten anderswo? Der Fuhrmann wußte immer Bescheid. Von solch einem Fuhrmann soll auch in dieser kleinen Geschichte die Rede sein. Sie soll wirklich passiert sein – oder doch nicht?
Ein Mann mit einer langen Peitsche zog durch die Dörfer und Weiler zwischen Wipper, Kerspe und der märkischen Höhenstraße. Immer wieder knallte er seine Peitsche auf den Boden, daß von der Dorfstraße der Staub hoch aufwirbelte. Wo er durchkam, zerrten die Frauen die kleinen Kinder von der Straße, und die großen nahmen die Beine in die Hand und liefen nach Hause. Nur die Hunde schnupperten neugierig hinter ihm her, wurden aber auch bald auf den Hof geholt. Still und ausgestorben lag das Dorf da, durch das der Peitschenmann gegangen war. Denn alle wußten, wenn sie ihn hörten: Jetzt kommt der Pulverwagen durch! Dem bloß nicht in die Quere kommen, oder dein letztes Stündlein könnte geschlagen haben!
Durch die menschenleeren Orte zockelte das Fuhrwerk das Tal hinauf Richtung Anschlag, wo der Schlagbaum stand. Dort begann das Märkische, und das lag schon in Westfalen, gehörte also für die damaligen Begriffe zum Ausland. Und von dort aus ging es weiter bis nach Ostpreußen, Ungarn oder zu den Seehäfen, denn Schweden und Norwegen, auch Dänemark bezogen ihr Schießpulver lange Zeit hindurch direkt und ausschließlich aus den Rönsahler Pulverfabriken.
Der Peitschenmann mußte sich nicht beeilen, denn die Fuhrwerke waren nicht schnell. Hinter dem Führpferd waren vier weitere Gäule angespannt; die brauchte man schon, denn der Pulverwagen war an die sechs Meter lang. Auf ihm standen die Pulverfässer fest verankert, dicht an dicht, sich gegenseitig Halt bietend.
Johann vom Hofe saß vorne auf dem Führpferd und zog an seiner Pfeife. Warum er bei solch einem gefährlichen Transport auch noch Pfeife rauchen mußte? Nun, das Pferd lief hier vorne ja schon im gehörigen Abstand zu dem explosiven Gemisch in den Fässern. Außerdem hatte er

schließlich meistens einen Deckel auf dem Pfeifenkopf, da konnte kein Funken fliegen.
Das schwere Gespann mühte sich an diesem Sonntagmorgen den Pulverweg hinauf nach Erlen, und schon von weitem sah Johann vom Hofe den steilen Hohlweg, in den er bald einbiegen würde. Wie oft war er diesen Weg schon gefahren? Bald schon würden sie die Spitzkehre erreichen, an die er das Gespann vorsichtig heranführen mußte, damit die enge Kurve genommen werden konnte. Das war Präzisionsarbeit.
Andere Leute gingen jetzt zur Kirche, wie die dicke „Frau Pulver", die kaum in die eigens für sie gebaute Chaise paßte. Aber dies kratzte nicht am Selbstbewußtsein der Frau, die durch den frühen Tod ihres Mannes zur Alleinherrscherin über das Rönsahler „Königreich Buchholz" geworden war. Sie ging abends in das Wirtshaus am Ohl, stand breit in der Türe und befahl den Karten spielenden Pulverarbeitern: „Nom Bette!" – was in der Regel auch umgehend befolgt wurde.
Sie war jetzt bestimmt schon in der Kirche, dachte Johann vom Hofe. Wann hatte er zuletzt die Kirchenbank gedrückt? Bei der Hochzeit seiner jüngsten Tochter mußte das gewesen sein.
Johann vom Hofe ließ die Pferde ausscheren und dirigierte mit größter Aufmerksamkeit den Transport zum schwersten Abschnitt des Weges. Bald schon würden sie die Höhenstraße erreicht haben, und dann ging es einfacher.
Aber was war das? Ein unheimlicher dumpfer Knall war aus dem Tal der Wipper zu hören, gefolgt von panischem Pferdewiehern. Es war als bebte die Erde. Johanns Pferde wieherten erschrocken und gehorchten nicht mehr seinen Befehlen. Sie scherten aus und verhedderten sich ineinander. In ihrer Panik versuchten sie, aus der Enge des Hohlweges auszubrechen, was ihnen aber nicht gelang. Sie kamen zu Fall, lagen unter- und übereinander, strampelten hilflos mit den Beinen in der Luft, schnaubten und wieherten schrecklich. Auch der Pulverwagen kippte um. Pulverfässer rollten vom Wagen, knallten auf Steine und Baumwurzeln, die Deckel sprangen auf, und das gefährliche Schwarzpulver rieselte auf den Boden. Johann vom Hofe war unter die Pferde geraten; ob er da schon tot war, hat hinterher kein Arzt mehr feststellen können. Die Pfeife war ihm aus dem Mund gefallen, und beim Aufprall war der Deckel aufgesprungen. Ein Funke aus der Pfeife genügte. In einer gewaltigen Detonation explodierte das Schwarzpulver, und der Fuhrmann

verbrannte elendig. So steht es auch heute noch auf dem Grabstein, der an der Unglücksstelle errichtet wurde:
AO. 1719 DEN 8 SEP. IST JOHANNES VON DER HOFEN ALLHIER ERBERMELICH ZUM DOHD KOMMEN
Nur sein Peitschenknaller konnte sich retten. Er eilte zum Bauernhof auf dem Bornholt und schrie wie ein Wahnsinniger. Aber jede Hilfe kam zu spät.
Es war übrigens ein Dummer-Jungen-Streich, der das Unglück verursachte und das Leben dieses erfahrenen Fuhrmanns und das seiner Pferde auslöschte. Auch in Ohl war nämlich Pulver explodiert; aber hier war es kein ganzes Fuhrwerk, sondern ein kleiner Karrentransport. Es passierte nicht weit vom Ohler Gasthaus. Der „krumme Gustav“ war das Opfer des Anschlags – ein Tagelöhner, der sich ein wenig Geld damit verdiente, die Pulverfässer, die nicht mehr ganz dicht waren, auszubessern. „Der Kerl ist selber nicht ganz dicht“, spottete man über ihn.
Als Gustav an diesem Sonntag aus Krommenohl die maroden Pulverfässer holte, die aussortiert worden waren, weil sie das gefährliche Gut nicht mehr halten konnten, da waren auch einige dabei, die noch Reste vom Schwarzpulver enthielten. Durch das Rütteln hatten sich die Fässer auf dem Handkarren gelockert und drohten, auf die Chaussee zu kippen. Als dann noch drei junge Männer aus dem Gasthaus im Ohl auf die Straße sprangen und sich über den krummen Gustav lustig machten, wurde es ihm zuviel. Er schimpfte die jungen Burschen aus. „Ihr elenden Taugenichtse, macht, daß ihr fott kommt!“ Er kannte sie nicht, und Pulverarbeiter waren sie mit Sicherheit auch keine. Denn sie rüttelten frech an seinem Handkarren, so daß er drohte umzukippen. Gustav lief so schnell er konnte mit seiner Fracht weg. Doch er zog eine kleine Spur des Pulvers hinter sich her.
„Paßt auf, der wird gleich noch schneller laufen!“ rief einer der jungen Burschen übermütig. Er zog Streichhölzer aus der Hosentasche, ratschte eines an der Schuhsohle an und warf es auf die Schwarzpulverspur. Das Feuer züngelte wie an einer Lunte die dünne Spur entlang und hatte in Sekunden die Holzfässer erreicht. Es knallte ohrenbetäubend, und die Holzfässer zerbarsten in einem Feuerball in der Luft. Einige Stücke flogen auch dem krummen Gustav an den Kopf, der dadurch verletzt wurde. Im benachbarten Stall aber, wo die „Pulverpferde“, die heute nicht in Dienst waren, standen, sorgte die Explosion für eine Panik. Die

Pferde versuchten, sich loszureißen und sprangen immer wieder gegen die Stallwand. Das aufgeregte Wiehern hörte man weithin.
So kam es, daß Johann vom Hofe tödlich verunglückte.

Gruselgeschichten am blauen Montag

Im Wupperviereck Solingen, Remscheid, Elberfeld und Barmen galt noch zu Anfang unseres Jahrhunderts ein Tag als „Wochenende“, der am Anfang der Woche lag: der Montag. Warum er gerade der „blaue“ Montag genannt wurde, kann man sich zusammenreimen. Zum einen kommt es von „blau machen“, also schwänzen. Eine andere Bedeutung ist noch direkter: montags war man noch „blau“ vom Sonntagsschoppen. Und der konnte dauern... Entlassen wurde man nicht gleich, denn die Herren Arbeitgeber wußten, am Dienstag war der Spuk vorbei, und der Lohnabzug störte die Blaumacher erst mal wenig, denn der Alkohol spendete ja Trost. So ging dann auch so mancher Montag vorüber. Aber halt, schauen wir doch einfach mal rein und nehmen Platz in dem Lokal mit dem Namen „PANNENSCHMETTE“, Pfannenschmiede ...

Birlenbachs Jupp hatte an diesem Montagmorgen schon einen Kleinen sitzen. Der Münsterländer Korn – aus reinem Weizen gebrannt – galt zwar als besonders bekömmlich, aber die Anzahl bestimmt die Drehzahl. Die Weizenkörnchen drehten in seinem Kopf mächtig durcheinander. Seit 44 Jahren schlug er Feilen in Hasten. Heute aber war er im Morsbachtal, das Remscheid vom heutigen Wuppertal trennt, und genehmigte sich in der „Pannenschmette“ seinen blauen Montag. Mit seinem Alter hatte er auch nicht mehr in den Krieg ziehen müssen, der jetzt, 1922, endlich schon einige Jahre vorbei war. „Noch ein Körnchen?“ fragte Fritz, der Wirt. Er war gelernter Pfannenschmied und nach einem Arbeitsunfall – sein linker Arm blieb verstümmelt – gezwungen gewesen, den Beruf zu wechseln. Manche seiner ehemaligen Berufskollegen, aber auch andere Arbeiter, hielten ihm die Treue. „Bei unserem Arbeitsinvaliden“ lautete die Verabredung, wenn mal wieder zünftig gezecht werden sollte.

Im Morsbachtal gab es zu dieser Zeit noch viele Betriebe. Gerade jetzt, nach dem Krieg, wurden Werkzeuge gebraucht, Schaufeln, Hacken, Spaten, Feilen – auch Werkzeuge für Köche und Hausfrauen: Pfannen zum Beispiel. „Bring mer ens en Pann met Schmerbrei!“ Was Jupp damit meinte, wußte der Wirt natürlich. In die Pfanne kam ein Gemisch

aus Weizenmehl, Milch und Eiern, ein gehaltvolles „zweites Frühstück“.
Kaum stand die Pfanne auf dem gescheuerten Holztisch, hörte man vor der Tür eine laute Stimme. „Brembergers Paul kommt wieder aus dem Land der fliegenden Straßenbahnen!“ bemerkte Jupp. Was er meinte? Paul kam aus dem Wuppertal, wo die einzige Schwebebahn der Welt für viel Auflauf sorgte. Paul sprach ein hartes, bergisches Platt. Im Moment herrschte er sein Pferd an: „Watt du mech hütt morgen dren geloten heß, datt hölls du mech hütt nomedach all wier rot.“ – (Was du heut’ morgen zu wenig getan hast, das holst du nachmittags alles wieder nach!) Jupp lacht: „Woröm bösse Pead geworen? Hätts Paschtur weren söllen!“
„Hür mer opp met dinnen Paschtüren!“ Paul setzte sich breitbeinig auf den Stuhl. „Ich komm gerade vom heiligen Berg, aus Ronsdorf, wo die Reformierten das Gottesreich gepachtet haben. Ech kann dr wat sagen! Fahr du mal im Sommer durch Ronsdorf, wenn die Bandweber alle Fenster offen stehen haben. Ich sag dir, da hörst du die ganze Zeit nur fromme Gesänge. ‚Jesu, meine Zuversicht, Jesu, du verlaß mich nicht…‘. Ich sag dr, so gieht dat den ganzen Dach. In Elberfeld hürst du wat angeres: ‚Oh Tannenbaum, oh Tannenbaum, der Kaiser hat in’ Sack gehaun! Da kauft er sich ’nen Henkelmann, und fängt bei uns als Dreher an. Oh Tannenbaum, oh Tannenbaum‘…“
„Hör bloß auf mit dem Kaiser!“ wandte Jupp ein. „Der hat uns ja den ganzen Krieg eingebrockt. Dat die Franzmänner jetzt hier liegen, haben wir doch dem zu verdanken.“
„Hesse alt gehuet?“ Als Fuhrmann wußte Paul immer Geschichten. „Dä ing Jeck der die värbuendene (verbotene) Ware in dat besatte (besetzte) Remsched rüewergebreit het, dr Brinkmanns Erich, dr hat innem Franzues eng gescheuert!“
„Es dat wohr?“ wunderte sich Jupp. Immerhin war Brinkmann kein Hüne, sondern ein schmächtiger Mann. „Wie dat dann?“
„Der Erich hat einen erwischt, wie er bei ihm im Garten einen Baum abmachen wollte. Der Erich ist zu ihm hin, hat sich vor ihm aufgebaut und em strackweg int Geseiht (Gesicht) jekieken. ‚Entschuldigen Sie sich!‘ hat er ihn aufgefordert, aber der Franzues sagte nur wat Welsches, wat der Erich nit verstung. Da hat er ihm eine gescheuert.“
„Woer jo och ess Schulmiester, dr Erich!“ meinte Jupp und kippte genüßlich seinen Korn. „Noch einen, Fritz! Ein Glück, dat man dir noch

nicht den Schnaps unter französische Verwaltung gestellt hat. Wißt ihr noch, als hier die Jöngelsches komen und schrien: ‚Wir haben sämtliche Franzosen gefangengenommen!‘ Alle dachten, wir hätten den Krieg gewonnen.“

„Jo, dobie woer dä Versailler Vertrag schon unterzeichnet.“ Fritz nickte, doch Paul wollte es genau wissen. „Da war so'n Trupp von acht Franzosen unterwegs. Aber nicht hier bei uns im besetzten Gebiet, sondern nach Cronenberg zu, in der ‚freien Zone‘. Da hatten die natürlich nichts zu suchen,“ erzählte Jupp. „Also kamen Zollbeamte und nahmen sie gefangen. Aber die Dussels vom Zoll waren dazu gar nicht berechtigt. Darum hat die örtliche Polizei alle zusammen verhaftet – Franzosen und Zollbeamte. Einer der Zöllner, der ‚schwatte Kahl‘, wollte unbedingt mit im Polizeiauto fahren, weil ihm das als Beamter ja wohl zustand, aber die Polizisten haben den genauso neben dem Auto her laufen lassen wie die anderen. Und hier bei uns hieß es dann: ‚Sämtliche Franzosen gefangengenommen‘! Ja den Franzosen ärgern, dat taten wir gern,“ lachte Jupp.

Fritz hatte sich dazugesetzt. „Wie dat dann?“ fragte er.

„Also, bei uns in der Feilenhauerei stehe ich am Fallhammer. Wenn ich das Gewicht am Lederriemen hochziehe, dann geht der Hammer, wir nennen ihn ‚Bär‘, im freien Fall auf das Werkstück oder die Matritze runter. Da knallt es ganz fürchterlich. Einmal waren Franzosen da und haben sich das angesehen. Sie guckten mir zu, wie ich den Rohling für die Feile hämmere. Das ärgerte mich natürlich, wie sie dastanden und so taten, als hätten sie überall was zu kommandieren. Aus dem Topf über dem Schmiedefeuer nahm ich kochendes Wasser, goß es in den Hohlraum der Matritze und zog den Bär am Lederriemen hoch. Aus anderthalb Meter Höhe knallte der schwere Hammer in die Matritze mit dem Wasser. Ich kann euch sagen, das gab eine solche Explosion, daß die Franzmänner nur noch die Beine in die Hand nahmen, und weg waren sie.“

„Haben wohl rot gesehen? Diese Rotweißblauen!“ meinte Paul.

„Wißt ihr eigentlich“, schaltete sich Fritz ein, „wie wir früher unseren blauen Montag gekriegt haben? Einer von uns hat heimlich eine Birne in der Pannenschmette rausgedreht und in einem Wassereimer unten mit einer dünne Feile die Spitze abgeschnitten, da, wo der Glasbläser seine Pfeife angesetzt hatte. Durch das Vakuum wurde das Wasser angesaugt, dann haben wir die Birne wieder reingedreht. Der Meister machte das Licht an und, schwups, Kurzschluß. Wir hatten unsern blauen Montag. Bis der Meister dahinterkam und sich einen Vorrat an Glühbirnen anlegte."

Draußen zeugte ein lautes, plötzlich abbrechendes Knattern davon, daß bald ein neuer Gast die Wirtschaft betreten würde. Das konnte nur Wilhelm mit seinem schwarzen Horch sein, einer sehr ansehnlichen Limousine.

„Horch, was kommt von draußen rein, hollahi, hollaho!" sangen Paul und Jupp gekonnt zweistimmig. Immerhin gibt es nirgends so viele Gesangvereine wie im Land der Wupper.

Ein sichtlich gut situierter Mittvierziger trat ein mit einem Prachtexemplar von gezwirbeltem und mit Bartwichse fixiertem Schnurrbart. Wilhelm war ein feiner Herr und handelte mit Werkzeugen. Womit sollte er wohl auch sonst handeln hier in Remscheid?

„Jetzt kömmt dä Wilhelm. Verstieht user Platt nit." Paul schaute einen Moment aus dem Fenster. „Aber dat noch: Wißt ihr, was bei uns zu Hause los war, als das erste Auto auftauchte? Da sitze ich also am Tisch mit meinen Eltern und den angeren Blagen und sehe plötzlich von der Lüttringhausener Seite her ein Auto kommen. Ech sach: ‚Vader hür es, do fährt en Wagen ohne Pead en Berg eropp!' Mein Vater steht auf und gibt mir eine Ohrfeige, und die Mutter sagt: ‚Paul, ich bitte dich, erzähl nicht so was!' Ja, und heute hat sogar unser Wilhelm ein Auto. Hereinspaziert, Herr Vertreter …!"

„Horch 10/35 PS. Immer das Beste. Ja, ich habe auch immer meinen Musterkoffer im Wagen. ‚Willst jemand du um seinen Raub bringen, klemm ihn ein mit Meisters Schraubzwingen!'" dichtete der Vertreter.

„Na, wat is, Paul, bösse auch wier am schmuggeln?"

„Dat einzige, wat Wilhelm in unserer Sproke kann! Nee, nee, ich han blos blau Lienen dobie, Stoff für Blaumänner. Der muß heute noch über die Wupper. Gleich geht's wieder loss."

Pauls Ladung würde noch länger auf dem Pferdewagen unbewegt liegen, denn Wilhelm hatte seine Spendierhose an. „Erst einmal eine Runde. Außerdem gibt es noch ein Bier und einen doppelten Korn für den, der die gruseligste Geschichte erzählt."

„Paul, erzähl das mit der Leiche", sagte Fritz und schubste den Fuhrmann an.

„Nee, laß mal! Ich muß jetzt weiter…!“
„Paul, jetzt komm aber!“
„Also gut. Ende vom Krieg war ich ja zu Hause, wegen dem Bein. Da mußte ich nebenher auch mal was verdienen. Darum bin ich zu dem Schreiner nebenan hin. Der machte auch Särge und Leichenfahrten. Ich kann euch sagen, der hatte vielleicht einen Schluck drauf! Ich auch, denn ich kann es nicht mit ansehen, wie da so einer regungslos liegt und für immer und ewig keinen Deckel mehr machen kann. Jedenfalls, wir hatten den Sargdeckel zu und danach uns noch einen reingetan bei den feinen Leuten in Reinshagen. Richtiger Weinbrand. Dann haben wir den Sarg aufgeladen und unter die Plane geschoben. Hüh, die Pferde also los und hin nach Wermelskirchen zum Friedhof. Die hatten da eine Familiengruft. Also, den Berg runter ging alles gut. Aber als wir in Burg über die Wupper kamen und gegenüber den Berg wieder rauf sind, da muß es wohl passiert sein. Jedenfalls, als wir ankommen, ist keine Leiche da. Wir gucken uns gegenseitig an: ‚Mit leeren Händen können wir da nicht aufkreuzen‘, sagt der Schreiner. ‚Hol ihn zurück, tot oder lebendig!‘ Der hatte einen im Kasten, sach ich euch, und ich mußte zusehen, daß ich den Sarg mit dem armen Schlucker fand.“
„Eine tolle Geschichte!“ Wilhelm nickte anerkennend und bestellte schon mal vorab ein Gespann für Paul. Dies bestand in der PANNENSCHMETTE aus einer Halbliterflasche Bier und einem doppelten Korn. „Und jetzt du!“ Wilhelm schaute den Wirt auffordernd an.
„Wat soll ich sagen? Au ja, doch. Ich war ja gut zwanzig Jahre in der Pannenschmette, oben am Käshaamer. Immer nach Ostern kriegten wir neue Lehrlinge. Die holte unser Meister aus einem Waisenhaus von der anderen Seite des Rheins. Die Jöngelsches sahen damals zum erstenmal eine Fabrik. Eines Tages wurde wieder so ein Jöngelschen zu uns gebracht. Wir hatten unser Tor nur mit der oberen Hälfte geöffnet, und ich guckte mir dat Schauspiel an. Dat Jöngelschen wurde vom Chef auf den Obergraben geführt, kam auf die halboffene Türe zu und sah mich mit dem Hammer in der Hand. Und wat sach ich euch? Der Junge sieht mich mit dem Hammer, und das Schmiedefeuer hinter mir ist voll am Gange. Er dreht sich um und rennt weg und schreit immer nur: ‚Die wollen mich in die Hölle bringen! Die wollen mich in die Hölle bringen!‘“
„Tatsächlich?“ fragte Wilhelm, und Fritz nickte.

„Dat erinnert mich an unseren Stift!“ erzählte jetzt Jupp. „Ich weiß noch genau, wie er hieß. Nämlich wie deine Firma, Wilhelm. Meister, Friedrich Meister. Das ist ja schon komisch, ein Stift, der Meister heißt. Der war ein Verrückter, ein richtiger Spinner. Und so was in der Feilenhauerei! Also, der kam nicht im blauen Leinen, wie du ihn auf deinem Wagen hast, Paul, sondern hatte immer etwas Besseres an. Und dann trug er so einen schwarzen biblischen Hut, wie die Prediger ihn aufhaben. Der fühlte sich irgendwie berufen. Wie ich hörte, hat der schon mal Kinder, die zur Sonntagsschule nach Lüttringhausen gingen, an einem Waldstück abgefangen und denen gesagt: ‚Ich bin euer Prediger! Ihr braucht nicht weiter zu gehn!‘ Und hat den wat vom Alten Testament vertällt. Dann ging er mit seinem Hut rum und hat gesammelt. Alle Kinder haben dem den Sonntagsgroschen, der für die Kollekte bestimmt war, gegeben, und er ging hin und kaufte sich davon Brause. Aber als er dann auch mit seinem Hut in die Werkstatt kam, da haben wir nur noch gelacht. Er lernte, während er das Eisen härtete, sogar noch Bibelstellen auswendig. Sein großes Vorbild war einer von den Fienen in Ronsdorf, vom Heiligen Berg. Der kam auch eines Tages in unsere Schmiede und hat den Stift ausgelöst. Er sei zu Höherem berufen, und man werde auf Erden von den wundervollen Taten dieses Menschen noch hören. Aber was hörte man dann? Dieser Friedrich kam nicht in den Schoß Gottes, sondern wurde Prediger. Er stand mitten auf der Hofaue in Elberfeld …“
„… wo der Puff is …!“
„… und predigte zu den Sündern. ‚Befreit euch von den Lastern!‘ Da kam ein Laster und überrollte ihn!“
„Und jetzt aber du!“
Doch Wilhelm fühlte sich nicht angesprochen. „Nee, ich geb jetzt noch einen aus, und dann muß ich weiter!“
„Ich auch!“ Paul schaute auf die Uhr und nahm noch einen kräftigen Schluck.
Als Paul das Pferd angespannt hatte, fragte Jupp: „Kannste mich ein Stück den Berg hoch nach Hasten mitnehmen?“
„Ropp nom Hasten? Ich hab’ zwar ein Transportunternehmen“, meinte Paul schmunzelnd, „aber ich darf nur Textilien fahren und keine abgefüllten Feilenhauer! Sonst komme ich mit den Besatzern in Konflikt, weil ich Alkohol in menschlicher Verpackung schmuggele!“
„Ich werd mich schon verstecken“, lallte Jupp.

Die frische Luft hatte die Wirkung des Alkohols verstärkt. Jupp klappte die Rückfront des Wagens hinunter und robbte auf die Ladefläche. Drei geschlossene Kisten standen dort. Jupp öffnete eine und legte sich auf das blaue Leinen. In der Eile vergaß er, die Wagenluke zu schließen. Das leichte Schaukeln des Pferdewagens, es ging den Berg hinauf, wiegte ihn in den Schlaf. So merkte er auch nicht, was passierte, als die Kiste mit ihm und den Leinenballen auf die gepflasterte Straße aufprallte.

„Der Sarg mit der Leiche!“ durchzuckte es den nachfahrenden Lenker eines schwarzen Horchs. Der verriß das Steuer und stürzte die steile Böschung zum Morsbach hinab.

„Todesursache: ungeklärt!“ schrieb der Arzt auf den Totenschein des Schraubzwingenvertreters Wilhelm Kenntemich. „Entweder Genickbruch oder bereits vorhergehender Herzstillstand!“

Der Tote im Spiegel

Sein ganzes langes Leben hatte Kurt Rautemeier in diesem Haus in der bergischen Kleinstadt Hückeswagen verbracht. „Das Haus der hundert Fenster“, so hieß es im Volksmund und war eines der großen ehemaligen Tuchmacherhäuser im Tal der Wupper. Mehr als zweihundert Jahre lang waren hier Stoffe gewebt worden: Laken, Bettbezüge, Geschirrtücher. In vielen Stuben des mit Schieferplatten beschlagenen Fachwerkhauses hatten mechanische Webstühle gestanden. Im Erdgeschoß war der große Maschinensaal untergebracht gewesen. Der Antrieb kam erst über Wasserkraft, später von der Dampfmaschine im Hof.

Nach dem Ersten Weltkrieg war es mit der Textilfabrik der Rautemeiers bergab gegangen. Zwar hatte Kurt die Firma des Vaters weitergeführt, aber es fehlte ihm an unternehmerischem Geschick. Selbst kleine Modernisierungen hatten der „Textilweberei Arnold Rautemeier & Sohn“ zum Schluß kaum noch das Geld eingebracht, das sie gekostet hatten. Als Kurt fünfundsechzig wurde, liquidierte er ohne großes Bedauern die Firma. Ein ortsansässiger Unternehmer baute mit seiner Kolonne das Haus der hundert Fenster stilgerecht zum reinen Wohnhaus um. Sogar der Denkmalschützer war zufrieden, da Kurt die charakteristischen bergischen Fenster im Originalzustand beließ. Auch die grünen Fensterläden waren sorgfältig restauriert worden. In die neu entstandenen Wohnungen hatten Kurt und seine Frau Helga nur ausgesucht ruhige und solide Mieter aufgenommen. Neugierig fragte Kurt immer nach der Herkunft seiner Mieter: „Nicht aus Wipperfürth. Dann ist es ja gut!“

Seitdem war es stiller geworden in dem großen Haus an der Wupper. Wenn jedoch auf der Bundesstraße nach Lennep, die direkt davor verlief, ein besonders großer Lastzug bremsen mußte, spürte man das Vibrieren des Fachwerkgebälks im ganzen Haus. Dann schien es Kurt für einen Moment, als höre er wieder das Rattern der Webstühle: Kette, Schuß, Anschlag. Kette, Schuß, Anschlag.

Warum, so fragte sich Kurt, warum hatten seine Eltern ihm verboten, den großen Raum im Dachgeschoß zu betreten, in dem heute Fräulein Fiedler, die alleinstehende Lehrerin, lebte.

Helga und Kurt wohnten seit ihrer Hochzeit im Erdgeschoß. Der starke Verkehr auf der Bundesstraße machte ihnen nichts aus. Hier war immer schon viel los gewesen. Erst die Fuhrleute mit den Pferdekarren – was für ein Rattern, Holpern und Peitschenknallen! Später knatterten Automobile und Lastkraftwagen durchs Wuppertal.
Verborgen hinter der Wohnzimmergardine konnte das Ehepaar gut beobachten, was draußen passierte. Viele Leute kannte Kurt nicht mehr, aber die alteingesessenen Hückeswagener waren seinem Gedächtnis eingeprägt geblieben. Nur die Namen, wenn er sich an die doch erinnern könnte! „War das nicht die Tochter von dem Flickschuster … dem … wie heißt er noch …?“ „Hieß!“ Helga hatte immer das passende Wort parat. Sie stellte bei ihrem Mann immer größere Gedächtnislücken fest. Besonders das kürzlich Erlebte geriet schnell in Vergessenheit. Kindheitserinnerungen aber waren noch präsent. „Mensch, den hab' ich doch mein Lebtag gekannt … warte nur, ich komm' gleich drauf.“ „Greichmeier hieß der!“ rief Helga triumphierend. „Der ist doch vorletztes Jahr gestorben. Oder war das erst letztes Jahr? Ist ja auch nicht so wichtig. Darüber mach dir keinen Kopf!“
Helga Rautemeier hatte ihre Kindheit im Osten des Landes verbracht, in Finsterwalde. Noch immer hörte man den ans Berlinerische erinnernden spreewäldischen Dialekt heraus. Also, bergisches Platt hörte man in diesem Haus fast gar nicht. Das konnte Helgas Mann zwar sprechen, aber wenn er zu schnell loslegte, gebot sie ihm rasch Einhalt. „Du immer mit deinem datt und watt!“ schimpfte sie. „Watt haste gesacht?“ ärgerte daraufhin Kurt seine Frau. Der einzige Ort, wo er noch so richtig „Platt küren“ konnte, war die kleine Spiegelwirtschaft „Bei Rosi“. Die kleine Kneipe oben in der Altstadt lag in einem alten Eckhaus mit niedrigen Decken. An der Fensterseite hing unter der Decke ein runder Spiegel. Darin konnte die Wirtin sehen, wenn der Gast am hinteren Ende der Theke sein Bierglas leergetrunken hatte. Sie konnte den Skatspielern sogar in die Karten gucken. Für Kurt hatte es mit dem Spiegel aber noch eine andere Bewandtnis: „Da sehe ich immer mein altes Hückeswagen drin!“
Wenn er dienstags und donnerstags dort mit den anderen Alten zusammensaß, fiel ihm der Rückweg besonders schwer. Denn nach ein paar Schnäpsen und Bieren kamen ihm die Erinnerungen an frühere Zeiten. Die Bilder der Kindheit zogen durch sein Gedächtnis: der Schulweg, die

Arbeiter des Vaters und immer wieder die Eltern. Sie wollten etwas vor ihm verbergen. Aber was?
Gesprächsfetzen, die er irgendwann aufgeschnappt hatte: „Nur dem Jungen nichts sagen … der Arzt meint … am besten er vergißt … vielleicht gar nichts mitbekommen …" Dann das traurige Gesicht der Mutter … und der Vater so ernst … Entsetzen. Schließlich war ihm verboten worden, das Dachgeschoß zu betreten. Aber warum?
Oft erschienen ihm diese Szenen sogar im Traum. Da war auch noch ein anderer Mann. Seine Gestalt hob sich groß und schwarz vor dem Fenster im Dachgeschoß ab. Das Gesicht konnte Kurt nicht sehen. Kurt haßte diesen Traum. Wenn er doch nur seine Bedeutung erkennen könnte! Eines glaubte er zu wissen: Sein Haus verbarg ein Geheimnis. Er mußte es ergründen, vorher würde er keine Ruhe finden.
Aber wer glaubt, Kurt ging in die Wirtschaft, um beim Bier zu vergessen, der irrt. Kurt war dort, um sich zu erinnern. Der Spiegel half ihm dabei, und manchmal halfen ihm auch seine Freunde und Kollegen auf die Sprünge.
Sie waren meistens zu viert, eine eingespielte Skatrunde. Hubert war Kurts bester Freund. Er hatte nichts mit der Tuchmacherei zu tun, sondern war Meister in der großen Schraubenfabrik im Tal gewesen. Klas, der Dickbäuchige, gehörte noch zu der Runde und „die Nas'", ein Endsiebziger mit einem übermächtig großen Gesichtserker. Wie alle passionierten Zigarrenraucher ließ er seinen Stumpen immer im Aschenbecher verqualmen.
„Iss dä nich aus dem Kölnischen?" Klas schielte zu dem Fremden an der Theke. „Den haben sie wohl im Kloster gepudert!"
Mit „dem Kölnischen" meinte Klas nicht die etwa eine Stunde Wegzeit entfernte Stadt Köln, sondern das nur fünf Kilometer vor Hückeswagen liegende Wipperfürth. Dort ist der kölnische Einfluß seit Jahrhunderten unübersehbar, und man ist streng katholisch. Mit „Kloster" spielte Klas auf das konfessionelle Krankenhaus Wipperfürths an. Klas war bekannt dafür, daß er sich immer mit den Nachbarstädtern anlegte. Wenn er einen sah, den er nicht kannte, dann war für ihn der Fall klar: Das mußte einer aus „dem Kölnischen" sein und somit ein Widersacher, dem nicht zu trauen war.
Kurt betrachtete den Gescholtenen im Spiegel. So ein Spiegel ist eine tolle Einrichtung, dachte er. Ich kann mir den Mann ansehen, obwohl

ich nicht direkt hinsehe. Das Gesicht sah unnatürlich weiß aus, dunkle Haare, eine Kotelettenfrisur, dazu ein Schnurrbart, der irgendwie altmodisch wirkte. Der Mann kam ihm bekannt vor. Er reagierte nicht auf Klas' Spott, sondern blickte ungerührt an der Wirtin vorbei ins Nirgendwo. Er schien nicht zu dieser realen Welt zu gehören. War er vielleicht nur eine fixe Idee? Unsinn, natürlich war der Mann wirklich da, die anderen sahen ihn schließlich auch. Energisch schüttelte Kurt den Kopf, trank sein Bier aus, bezahlte und verabschiedete sich heute früher als sonst. „Kurt, wat hastet denn so eilig? Ist Helga wieder am schimpfen?" – hörte er noch.

Auf dem Heimweg zwischen den alten verschieferten Fachwerkhäusern beunruhigte ihn immer noch die Begegnung mit dem geheimnisvollen Fremden. Wer war nur dieser Mann, den er glaubte, gut zu kennen? Eins konnte Kurt mit Gewißheit sagen, er war tot. Aber Tote sieht man für gewöhnlich nicht im Spiegel einer Gastwirtschaft.

Viele Worte wurden beim Mittagessen nicht gewechselt. Angenehm war die aufkommende Müdigkeit. Schon als er im Schlafzimmer die Bettdecke hochschlug, gingen die Gedanken mit Kurt auf Spazierfahrt. Der Mann im Spiegel hatte in diesem, in seinem Haus gelebt, oder er hatte in diesem Haus gearbeitet. Im Betrieb des Vaters könnte er Vorarbeiter oder Meister gewesen sein. Und er kam aus dem Kölnischen – war Wipperfürther. Aber was war nur mit ihm los?

Bier, Schnäpse und das reichhaltige Mittagessen verhalfen Kurt zu einem tiefen Schlaf. Aber schon am Nachmittag schossen ihm die aufkeimenden Erinnerungen wieder durch den Kopf. Irgend etwas hatte dieser Mann mit ihm zu tun.

Warum fiel ihm jetzt ausgerechnet der dampfende Pudding ein, der zum Abkühlen auf das Fensterbrett gestellt worden war? Mama machte vorzüglichen Pudding mit viel Eischnee. Gewöhnlich rührte sie eine Nuß unter, und wer die Nuß fand, durfte die Schüssel auslecken.

Da war der Prediger Helmstroth, für den Kurt sonntags vor dem Gottesdienst die Gesangbücher auslegte, und damit sein erstes Geld verdiente.

Und da war dieser schwere Traum. Ob es wohl Vollmond gewesen war? Der Traum hatte rätselhafte Folgen gehabt. Dem Kind stellte die Mutter winters, wenn das Plumeau dick und schwer auf ihm lag, immer einen Stuhl vors Bett, damit die Decke nicht rutschte. Eines Morgens hatte der

Stuhl zwei Treppen tiefer in der Küche gestanden. Das Plumeau war auch ohne Stuhl liegengeblieben, doch Mama war sehr in Sorge gewesen. War der Junge etwa ein Nachtwandler?
Und was sollte dieses Gesicht damit zu tun haben, das Gesicht aus dem Spiegel?
Mit Mama hatte es zu tun. Mit Mama …
Einmal war er wieder nachts durchs Haus gegangen. Zögernd tappte er über die Diele. Er war doch schon groß, ob er da einfach zu Mama ins Bett schlüpfen durfte?
Vater war verreist, zu einer Messe oder so. Vater fuhr gern auf Messen. Erst später klärte sich für Kurt auf, daß dies keine katholischen Gottesdienste waren, sondern „Vergnügungsreisen", wie Mutter immer sagte. Vater schien es dabei wirklich mit dem Vergnügen zu halten. Immer wenn er zu einer Messe fuhr, war er auffallend gut gelaunt. Er pfiff vor sich hin und rieb sich voll Vorfreude die Hände. Vater ein Draufgänger? So hatte Kurt ihn nicht in Erinnerung. Er sah ihn sonst selten fröhlich. Papa sprach immer von „guten Geschäften" und davon, daß „die Branche floriert!". Überhaupt war dies sein liebster Spruch. „Die Branche floriert. Und ich bin die Branche!"
Stoffe für Hand- und Geschirrtücher waren die Spezialität des Hauses; nicht in den bergischen Farben grün-weiß, sondern in den kölnischen Stadtfarben rot-weiß. Kurt sah noch die dicken Tuchballen vor sich im Lagerregal.
Aber wie war das damals, als er nachts durchs Haus schlich, zur Mutter wollte? Da war ihm dieser Mann entgegengekommen, hastig, wie aufgeschreckt. Kette, Schuß, Anschlag. Kette, Schuß, Anschlag. Die Monotonie des Webstuhls fuhr immer wieder zwischen seine Erinnerungsfäden.
Endlich sah er auch sein Gesicht. Weißlich schimmerte es im Licht des Vollmonds, dunkle Haare, Koteletten und ein Zwirbelschnurrbart wie der Kaiser einen trug, dessen Bild in Vaters Kontor hing.
Kette, Schuß, Anschlag. Kette, Schuß, Anschlag. Ein Mensch, dunkle Haare, weißes Tuch, blutrote Fäden. „Unsinn", sagte Kurt halblaut zu sich selbst, „das waren unsere Geschirrtücher!"
Wenige Wochen später erfuhr er die Fortsetzung seiner Geschichte. Sie saßen in ihrer Stammkneipe. Klas und „die Nas'" hatten ihn schon erwartet. Hubert hustete zu Hause vor sich hin. Es war Grippezeit. Im

Rheinland feierte man Karneval. Im evangelischen Hückeswagen war der verpönt, dagegen ging es in Wipperfürth um so heißer her. Und Versprengte gab es auch, die die Bürger der alten Tuchmacherstadt aufdringlich zu missionieren versuchten. „Wo geht denn hier der Zug her?“ hörte Kurt von der Theke. „Einen Zug gibt es nicht mehr“, erwiderte er kurz mit abschätzigem Blick auf den Trötenmann mit der roten Nase und dem gezwirbelten Schnurrbart im ansonsten blassen Gesicht. Seine Begleiterin war deutlich jünger und ging im kurzen Röckchen aus zusammengenähten Geschirrtüchern. Ruud-wieß. „Die Bundesbahn hat den Betrieb eingestellt.“ „Ist bei euch die Bundesbahn zuständig“, sagte der Mann lachend, „und nicht das Festkomitee? Seid ihr Hückeswagener aber hinter dem Berg!“

Klas wollte den Karnevalsjecken schon gehörig die Meinung sagen, doch „die Nas'“ legte ihm beschwichtigend die Hand auf den Arm. Der Alkohol hatte die Leute so fröhlich gemacht, da konnte die Stimmung leicht umkippen. Es lohnte nicht, die Unterhaltung fortzusetzen, das sah auch Kurt ein.

Überhaupt, von Unterhaltung konnte gar keine Rede sein. Das war eine Provokation! Wie damals – 1923 – als die französischen Besatzer das Postamt eroberten und den Postmeister Trümpler aufforderten, ihnen eine Telefonverbindung zur vorgesetzten Stelle nach Wipperfürth herzustellen. „Alles könnt ihr von mir verlangen“, hatte Trümpler gesagt, „aber nicht, daß ich euch eine Verbindung nach Wipperfürth herstelle. Das ist eine Provokation!“ Da wurde der Postmeister verhaftet und ins Gefängnis der Nachbarstadt gebracht.

Im Spiegel beobachtete Kurt die Wipperfürther. Der Mann mit der Tröte hatte doch, verflixt nochmal, Ähnlichkeit mit jenem anderen Mann, der ihm in letzter Zeit so oft durchs Hirn geisterte, und zwar mittlerweile nur noch der Kopf, der Kopf, abgetrennt vom Körper.

Kurt wurde es dümmelig. Irgendwie zog eine verdammt alte Geschichte ihre Bahnen durch seinen Kopf. Und diese Geschichte hatte mit ihm zu tun, ganz besonders mit ihm. Der Spiegel gab alles seitenverkehrt wider, die gute Figur und die wohlgeformten Beine der Frau, die sich keck in den Hüften wiegte. Der Rock flog, und Kurt dachte ganz automatisch: rot-weißes Tuch – Kölner Art – hat mit meiner Geschichte zu tun. Aber wie ging die Geschichte? Irgendwie war die auch seitenverkehrt.

Sie begann mit dem Dreiklang: Kette, Schuß, Anschlag – dem Lied, das jeder Weber singen kann. Tag und Nacht.
Ich muß mich erinnern! Das Bild des Vaters erschien vor seinen Augen. Groß war er gewachsen, und sein Haupthaar war nur ein wenig gelichtet. Jähzornig und aufbrausend konnte er sein – und vor allem eifersüchtig. Wenn er es bei seinen Messebesuchen auch mit der Treue nicht so genau nahm, von seiner Frau verlangte er, was er sich selbst nicht auferlegte. Im Beruf allerdings hatte er Erfolg, man sprach von ihm mit Hochachtung. Daß die Firma dann doch „die Wupper runterging" hatte mehr mit der allgemeinen Entwicklung zu tun. Die industrielle Fertigung im Aggertal und andernorts überholte bald die Handarbeit. Dabei war es keine kleine Klitsche – die Firma. Immerhin waren bis zu 37 Arbeiter an den Webstühlen beschäftigt gewesen. Auf einem alten Foto, das Kurt besaß, waren sie alle abgebildet, auch der Vorarbeiter.
Später, als Kurt wieder einmal in der Spiegelkneipe mit seinen Freunden Skat spielte, tauchte ein weiteres Stück Erinnerung auf. Langsam spann sich der Faden. Rosis Sohn stürmte in die Wirtschaft und hielt eine Video-Kassette hoch: „Mama, Mama, ich hab' den Zombie-Film. Der Zombie haut allen den Kopf ab. Zack, zack, bumm. Zack, zack, bumm." So alt wie der Junge mag ich auch wohl gewesen sein, als das mit dem Wipperfürther passierte, dachte Kurt.
Kurt hörte auch nicht „zack, zack, bumm!" Er hörte „Kette, Schuß, Anschlag!" Diese drei Worte schienen seine Lebensmelodie geworden zu sein, oder die Melodie des Todes?
„Watt is datt denn? Neue Errungenschaft?" fragte „die Nas'" die Wirtin und zeigte auf ein etwas seltsames Gebilde neben dem Spiegel, auf einen an beiden Seiten spitz zulaufenden Holzschützen mit einer Aushöhlung für die Garnspule.
„Meinste den Weberschützen? Hatt mer einer mitjebracht", sagte Rosi stolz. „Hückeswagen wurde ja mit der Tuchmacherei groß. Und so einen Schützen hat man da wohl gebraucht."
„Und ob!" sagte Kurt und war froh, den quälenden Gedanken ausweichen zu können. „Bei uns gab es die zuhauf. Aber ich hab' sie alle weggeschafft, als das mit der Firma zu Ende ging. Wißt ihr überhaupt, wie so ein alter mechanischer Webstuhl funktionierte. Also, das ging so: Kette, Schuß, Anschlag. Das Garn wurde in der Längsrichtung aufgespannt, das war die Kette. Dann schoß die Maschine den Schützen quer

hindurch, und ein Holzbalken – der Schläger – senkte sich und stauchte das Gewebe zusammen. So ging das den ganzen Tag!"
„Und ab und zu hatte jemand seine Hand dazwischen!" meinte die Wirtin lachend.
„Und den Kopf!" sagte Kurt rasch. Sofort wurde er ganz starr, und er sagte auch nicht mehr viel, als seine Skatbrüder in ihn drangen. „Watt meinste mit dem Kopp?" fragte Hubert mehrmals, aber Kurt schwieg. Bald schon verabschiedete er sich. Helga hätte nachmittags noch den Frauenkreis. Deshalb gäbe es das Mittagessen heute früher. Eine Ausrede, die nicht geglaubt wurde. Auf dem Nachhauseweg grübelte Kurt. Das Bild in seinem Kopf hatte jetzt zwei Farben: weiß und rot. Weiß waren die längsgespannten Fäden und rot das Blut. Der Mann aus Wipperfürth hatte spätabends noch alleine am Webstuhl gesessen. Alle anderen waren schon gegangen. Papa war irgendwo auf einer Messe. Kurt glaubte zu wissen, warum der Mann so lange blieb. Er wollte zu Mama. Und die war an diesem Tag so ganz anders als sonst. „Kannst du nicht einmal zu deiner Oma gehen?" hatte sie ihn schon mittags gedrängt. Als er nicht wollte, schimpfte sie. Eigentlich schimpfte sie sonst nie.
Abends dampfte der Pudding wieder auf dem Fensterbrett. „Wir haben heute abend einen Gast. Herr Hunsheimer muß noch arbeiten und ißt mit uns", hatte die Mutter gesagt. Würde der die Nuß finden und die Schüssel auslecken? Kurt fiel ein, was Pastor Helmstroth neulich zu ihm gesagt hatte, als er wieder einmal die Gesangbücher auslegte. „Man munkelt, daß deine Mutter einem Katholischen schöne Augen macht!" Kurt hatte den Kopf geschüttelt und die Lippen fest aufeinander gepreßt. „Nein, das kann nicht sein!" hatte er nur hervorgestoßen.
Langsam schlich er sich in den Raum auf dem Dachboden. Der Webstuhl ratterte laut, sehr laut. Kette, Schuß, Anschlag. Kette, Schuß, Anschlag. Kurt war zwar nicht so groß und stark wie sein Vater, aber groß genug, um sich zuzutrauen, den Eindringling zu beseitigen. Er schlich sich an. Wieder schoß der Schütz mit seiner Spule quer durch die Kette, ein kräftiger Stoß, der Balken sauste nieder und quetschte den vorschießenden Kopf des Mannes ab. Blut schoß auf das fast fertig gewebte Tuch … rot auf weiß.
Mutter war in Sorge, als sie zum Essen rief. Einer kam nicht. Statt dessen hing der Mann aus Wipperfürth tot im Webstuhl. Polizei und Arzt wurden gerufen. Ihr Befund lautete: Arbeitsunfall. Vielleicht hätte er

ihn sogar selbst verschuldet. Schließlich sei Karneval gewesen. „Da bleibt doch kein Wipperfürther nüchtern!“ Sicherlich habe ihn deswegen ein plötzlicher Schwindel übermannt, und er sei in den Webstuhl gefallen. So mußte es gewesen sein!
„Wir haben einen wertvollen Mann verloren“, sagte der Vater später, und Mutter stimmte mit einem Kopfnicken zu. Nie wieder sprachen sie über den Unfall. Und Kurt hatte ihn bald vergessen.

Abbildungsnachweis

Brunner, Kriegsvölker, 1883, S. 56;
Burgmair, „Weißkunig"-Holzschnitt, 1512, S. 28;
Burgmair, Das Neue Testament, 1523, S. 72;
Kinder- und Hausmärchen der Brüder Grimm, Bd. 2, o. J., S. 37;
Molitor, Von den Unholden und Hexen, 1489, S. 49;
Musaeus, Volksmärchen der Deutschen, 1842, S. 61;
Pyne, Mikrokosmos, 1824, S. 102, 104, 110;
Richter, Goethe-Album, 1853, S. 19;
Scherr, Germania, 1878, S. 43;
Tengler, Laienspiegel, 1508, S. 8.